新中国
语言文字事业 70 年纪事

◎国家语言文字工作委员会 组编

语文出版社
·北京·

图书在版编目（CIP）数据

新中国语言文字事业70年纪事 / 国家语言文字工作委员会组编. -- 北京 : 语文出版社, 2019.12
ISBN 978-7-5187-0965-6

Ⅰ. ①新… Ⅱ. ①国… Ⅲ. ①汉语—语言学—大事记—中国 Ⅳ. ①H1

中国版本图书馆CIP数据核字(2019)第268526号

责任编辑 冀丽萍　白子一
装帧设计 徐晓森
出　　版 语文出版社
地　　址 北京市东城区朝阳门内南小街51号　100010
电子信箱 ywcbsywp@163.com
排　　版 北京光大印艺文化发展有限公司
印刷装订 北京市科星印刷有限责任公司
发　　行 语文出版社　新华书店经销
规　　格 787mm × 1092mm
开　　本 1 / 16
印　　张 17
字　　数 260千字
版　　次 2019年12月第1版
印　　次 2019年12月第1次印刷
定　　价 70.00元

010-65253954（咨询） 010-65251033（购书） 010-65250075（印装质量）

《新中国语言文字事业70年纪事》
编　委　会

编写说明

今年是中华人民共和国成立70周年，国家语言文字工作委员会组织编写了《新中国语言文字事业70年纪事》，真实记录在中国共产党的领导和推动下，新中国语言文字事业改革和发展的光辉历程与巨大成就。

在编写过程中，编写组认真核查了新中国成立以来语言文字工作1300余卷相关档案资料，系统梳理了《当代中国的文字改革》《中国语文现代化百年记事》《新时期语言文字工作记事》等历史文献，整理了部分国家语委委员单位语言文字相关工作材料，最终形成本书。

本书以时间为脉络，客观记录了70年来国家语言文字事业的顶层规划和制度设计，充分体现了党中央、国务院对语言文字事业的高度重视，以及各地、各部门、各行业系统积极贯彻落实国家语言文字法律法规、方针政策的发展进程，不仅涵盖了国家通用语言文字的推广普及工作，还涉及少数民族语言文字、盲文手语等工作，既包括语言文字的规范化、标准化、信息化建设内容，又有对中华优秀传统文化的继承、发展与传播，具体展示了高站位、全覆盖、广动员、深合作的大语言文字工作格局，生动描绘了我国主体性与多样性和谐统一的社会语言生活。

“新时代要有新气象，更要有新作为。”站在新的历史起点上，我们将以本书的出版为契机，更加紧密地团结在以习近平同志为核心的党中央周围，大力推广普及国家通用语言文字，弘扬传承中华优秀语言文化，不断提高国民语言能力和国家语言实力，为推进语言文字治理体系和治理能力现代化，为实现“两个一百年”奋斗目标、实现中华民族伟大复兴中国梦而不懈奋斗。

1949年

5月

【29日】文字改革座谈会在北京师范大学举行。会议决定发起组织中国文字改革研究会。吴玉章、黎锦熙、罗常培、胡愈之、叶圣陶、陆志韦、陈定民、叶丁易等出席会议。

【本月】黎锦熙联同华北大学、华北人民革命大学、北京大学、清华大学、燕京大学、北京师范大学等高等院校语言文字专家向吴玉章建议成立一个文字改革研究会，恢复文字改革工作。

8月

【7日】吴玉章、徐特立、黎锦熙、罗常培、萧三、叶圣陶、陆志韦、叶丁易、胡锡奎等参加第二次发起人会议，决定把筹备组织的“中国文字改革研究会”改为“中国文字改革协进会”。

【25日】吴玉章写信给毛泽东主席，建议开展文字改革工作。8月29日，毛主席回信支持。

9月

【29日】中国人民政治协商会议第一届全体会议通过《共同纲领》。其中第五十三条规定：“各少数民族均有发展其语言文字，保持或改革其风俗习惯及宗教信仰的自由。”

10月

【6日】中国文字改革协进会最后一次发起人会议在华北大学举行。会议由吴玉章、黎锦熙、罗常培、萧三、叶圣陶、陆志韦、叶丁易、胡锡奎等发起。吴玉章、

黎锦熙、罗常培、范文澜、沈雁冰、林汉达、叶丁易、胡锡奎、聂真等出席会议。会议决定把会名改为“中国文字改革协会”，于10月10日在北京举行成立大会。

【10日】中国文字改革协会正式成立。成立大会在北京协和礼堂举行。全国各地语文工作者、华侨和少数民族代表以及各界代表100多人出席大会。吴玉章致开幕词，并报告了中国文字改革协会的筹备经过、成立的意义及当前的主要工作。成立中国文字改革协会的目的是系统地研究和试验文字改革的办法。当前的主要工作是汉字改革的研究、汉语和汉语统一问题的研究、少数民族语言文字的研究、根据研究结果进行可能的试验和汉字改革的宣传。徐特立、黎锦熙、罗常培、嵇文甫、陆志韦、李运昌、于力等在大会上讲话。大会通过了《中国文字改革协会章程》，选出丁西林、丁浩川、王兴国、天宝、田汉、司徒美堂、朱德海、朱早观、艾思奇、光未然、成仿吾、邢公畹、吴玉章、沈钧儒、沈雁冰、李立三、李维汉、李达、李济深、李绵、何干之、何其芳、邵力子、林伯渠、林汉达、林曦、周扬、胡乔木、胡愈之、胡锡奎、胡绳、范文澜、柳湜、奎壁、马叙伦、徐特立、陈望道、陈鹤琴、陈嘉庚、陈其瑗、陈伯达、陈定民、倪海曙、乌兰夫、郭沫若、陆定一、陆志韦、黄炎培、张照、张友渔、张勃川、张冲、曹伯韩、彭真、叶圣陶、叶丁易、叶籁士、景林、董必武、杨静仁、刘善本、黎锦熙、廖承志、巩绍英、潘梓年、钱俊瑞、卢正义、萨空了、赛福鼎、谢觉哉、聂真、聂绀弩、罗常培、魏建功、萧三、萧家霖等理事。

【20日】中国文字改革协会举行第一次理事会。理事会决定把研究拼音文字作为主要任务，把北方话拉丁化新文字方案作为研究的底案，同时认为目前如何使用汉字简体化和拼音化也是值得注意的问题。到会者近40人。会议选出吴玉章、成仿吾、沈雁冰、胡乔木、胡愈之、林汉达、徐特立、陆志韦、郭沫若、马叙伦、倪海曙、陈定民、陈鹤琴、范文澜、张照、黎锦熙、叶圣陶、叶丁易、彭真、钱俊瑞、罗常培、叶籁士、萧三、魏建功、聂真等25人为常务理事。

12月

【4日】中国文字改革协会第一次常务理事会在华北大学召开。会议通过了常务理事会的组织大纲；选举吴玉章为常务理事会主席，黎锦熙、胡乔木为副主席；推选吴玉章为方案研究委员会主任，黎锦熙、胡乔木为方案研究委员会副主任，黎锦熙兼任汉字整理委员会主任，罗常培为地方语文研究委员会主任，叶圣陶为编审出版委员会主任，聂真为常务理事会秘书处主任。

1950 年

3 月

【29 日】新闻总署召开全国新闻工作会议，决定中央人民广播电台增设蒙古语、藏语、朝鲜语广播。

5 月

【本月】政务院文化教育委员会设立学术名词统一工作委员会。

6 月

【25 日】中国科学院语言研究所在北京成立。该所的主要任务是：对汉语及其有关的语言问题进行基础研究和理论研究，为加强现代汉语规范化服务。

【本月】教育部社会教育司开始进行常用字的研究和汉字简化工作。

7 月

【10 日】吴玉章主持召开中国文字改革协会干部会议。他指出，根据毛泽东主席的指示，文字改革应首先办“简体字”，不能脱离实际、割断历史。

【31 日】教育部召开文字改革问题座谈会。在京的语文研究者 30 多人出席会议。会议代表认为应考虑设立研究文字改革的机构，推进文字改革工作，提出了组建中国文字改革研究委员会的建议。本次会议是为落实毛泽东主席的指示，对常用字、简体字和一般文字改革问题开展研究。

【本月】教育部印发“仅备研究参考”的《小学课程暂行标准初稿》。初稿列举了小学国语课程的“阅读教材的编选注意点”，其中第五点要求：生字注音除以熟字互注外，尽可能采用拉丁化新文字；在教师未习用新文字而仍用注音符号的小学，可暂用注音符号。

8月

【1日】铁道部规定，从本日起，除东北管内实行拉丁化新文字电报外，东北对南方、北方和南北各局，一律使用新文字略号和四码电文。

【9日】教育部社会教育司简体字研究组举行关于简化汉字的第一次座谈会。会议草拟了简体字选定原则草案。根据选定原则，教育部社会教育司于9月15日编成《常用汉字登记表》，收字1017个。

【14日】教育部常用字研究组举行第一次常用字座谈会。黎锦熙、陆志韦、罗常培、林汉达、魏建功、曹伯韩、王泗原、麦若鹏、彭道真等出席会议。与会代表一致同意按照教育部社会教育司所编的1588个常用字进行增删。

9月

【20日】教育部和中华全国总工会联合召开第一次全国工农教育会议。卢正义、王芝九、王食三、方与严、田乃钊、林汉达、杜松寿、洪深、郑之东、李步青、哈丰阿、高元白、高培支、倪海曙、吴研因、曹伯韩、楼适夷、赵平生、薛殿会、傅士彝等人联合提出《建议设立中国文字改革研究机构和确定汉字注音方案》的提案，建议整理和简化汉字，选定和公布常用字和简体字，确定北方话拉丁化方案和注音字母为学习汉字的拼音工具。会议提出“推行识字教育，逐步减少文盲”的口号。

【25日】教育部召集出席全国工农教育会议的部分代表举行文字改革座谈会。出席座谈会的有韦悫、张宗麟、吴研因、郑之东、田乃钊、洪深、高元白、杜松寿、卢正义、方与严、倪海曙、傅士彝、哈丰阿、热夏提、余之介、林汉达、高培支、李步青、曹伯韩、应乃白、赵平生、薛殿会、赵曾省、王芝九、楼适夷等。座谈会就汉字改革的方向和领导机构、简体字问题、常用字问题、汉字注音和拼音方案问题、汉字教学方法和书写方法问题、少数民族文字问题进行了广泛的讨论。

10 月

【14 日】教育部编成第一批简体字表初稿，收字 550 个。

11 月

【15 日】教育部常用字研究组开始对《常用汉字登记表》中所收的 1017 字和 1556 字两种常用字的常用性进行检验。

【23 日】教育部常用字研究组拟出《常用字研究工作报告》。报告分为三部分：选定常用字的原则，推行常用字的方法，常用字的增删和登记表的编制。

【24 日】政务院第 60 次政务会议批准《培养少数民族干部试行方案》。其中第六条规定：“中央民族学院及其分院均应设立关于少数民族问题的研究室，中央民族学院并应负责研究少数民族语言文字。”

【29 日】中国文字改革研究委员会筹备会举行第二次会议。会议原则上通过了《常用字研究工作报告》和《常用字表》，讨论了《简体字研究工作报告》和第一批简体字。

12 月

【5 日】教育部社会教育司编印了《群众识字问题调查表》（分甲、乙两种），以教育部名义发往各地教育厅（局），广泛征集各方面的意见。

【14 日】教育部常用字研究组举行第二次常用字座谈会。马叙伦、魏建功、杜子劲、丁声树、吴研因、麦若鹏等出席会议。会议研讨了如何进一步增删常用字表，提出除了借常用性检验来发现可能遗漏的字以外，还有必要加以主观的选择，删去一些习惯上相互通用的、可以酌量省略的字。

1951年

2月

【5日】政务院公布《关于民族事务的几项决定》。其中第五条规定，在政务院文化教育委员会内设民族语言文字研究指导委员会，指导和组织关于少数民族语言文字的研究工作，帮助尚无文字的民族创立文字，帮助文字不完备的民族逐渐充实其文字。

3月

【26日】《人民画报》自第2卷第1期起，增出蒙古文、藏文、维吾尔文三种民族文字版。

4月

【本月】中国科学院语言研究所设立第四研究组，负责研究中国少数民族语言文字问题。

5月

【8日】中国文字改革协会编成《苗语拉丁化学习草案（黔东区）农民识字课本》。

【本月】教育部成立了中国文字改革研究委员会筹备会，聘请林汉达、韦悫、胡愈之、马叙伦、黎锦熙、罗常培、陆志韦、俞敏、曹伯韩、郑之东等10人为筹备委员，马叙伦为主任委员。

教育部社会教育司编制出《第一批简体字表（初稿）》，收字555个。

6月

【5 日】中国文字改革协会发布《中华人民共和国全国政治组织机构新文字字母、俄文字母拼音略号》。

【6 日】《人民日报》发表题为《正确地使用祖国的语言，为语言的纯洁和健康而斗争！》的社论，号召建立正确运用语言的严肃文风。当日，《人民日报》开始连载吕叔湘、朱德熙合写的《语法修辞讲话》，至 12 月 25 日刊载完毕。

【7 日】中国文字改革研究委员会筹备会召开汉字注音、拼音问题座谈会。韦悫、林汉达、黎锦熙、魏建功、丁声树、周祖谟、蒋仲仁、陈定民、张照、王均、陈健中、曹伯韩、郑之东等 20 人出席会议。座谈会就汉字要不要注音、注音用什么符号等问题进行了讨论。

8月

【15 日】中国文字改革协会秘书处就《常用简字语典》（草稿）向社会征求意见。稿中的例词都用新文字和汉字对照。

9月

【26 日】《人民日报》刊登出版总署发布的《标点符号用法》。用法包括 14 种标点符号。

10月

【5 日】政务院印发《关于学习〈标点符号用法〉的指示》。指示要求，全国各级人民政府机关处理文件人员、各报刊出版机关编辑人员、各学校语文教员和学生加以学习；今后一切文件和出版物均按该件规定统一标点符号的使用。

【12 日】政务院文化教育委员会设立少数民族语言文字研究指导委员会。邵力子任主任委员，罗常培任秘书长。

11月

【2 日】中国文字改革协会、中国科学院语言研究所联合召开少数民族文字汇通

方案及汉字注音问题座谈会。

【29日】中国文字改革研究委员会筹备会举行第二次会议。会议原则通过了《常用字研究工作报告》和《常用字表》，讨论了《简体字研究工作报告》和第一批简体字。

【本月】教育部调整机构，把文字改革研究工作从社会教育司分出，设立中国文字改革研究委员会秘书处，专门负责进行文字改革问题的研究，并进行中国文字改革研究委员会的筹备工作。林汉达兼任秘书主任，曹伯韩、郑之东任副秘书主任。

12月

【15日】教育部、中国文字改革研究委员会筹备会召开速成识字法座谈会。韦悫、黎锦熙、杜子劲、辛安亭、俞敏、祁建华、张凌光、杨述等出席座谈会。会议肯定了速成识字的方法，并讨论了一些与速成识字法有关的问题，如扩大推广范围、注音符号等问题。

【26日】周恩来总理指示，在文化教育委员会下设立中国文字改革研究委员会。经马叙伦、郭沫若、吴玉章、胡乔木共同商讨后，会商情况及拟定的委员会名单上报毛泽东主席、周恩来总理并得到批准。政务院文化教育委员会第31次委务会议决议设立中国文字改革研究委员会。主任委员马叙伦，副主任委员吴玉章，委员丁西林、吴晓铃、林汉达、季羡林、胡乔木、韦悫、陆志韦、陈家康、叶恭绰、黎锦熙、魏建功、罗常培。委员会下设拼音方案组、汉字整理组、教学试验组、编辑出版组、秘书组。

1952年

1月

【6日】中央人民政府革命军事委员会总政治部在《人民日报》介绍速成识字法。

2月

【5日】中国文字改革研究委员会召开成立大会。政务院文化教育委员会主任郭沫若到会并讲话。他分析了文字改革的必然性和必要性，提出汉文必须自左而右横行排写的建议。研究委员会主任马叙伦、副主任吴玉章在讲话中传达了毛泽东主席关于文字改革工作的指示。会议通过了1952年工作计划纲要，讨论了委员分工：韦悫、马叙伦、吴玉章、胡乔木、罗常培、黎锦熙、丁西林、陆志韦、魏建功、陈家康、吴晓铃、林汉达组成拼音方案组；叶恭绰、马叙伦、魏建功、季羡林、丁西林组成汉字整理组；黎锦熙、陆志韦、吴晓铃、林汉达组成教学试验组；编辑出版组暂由秘书处负责，根据工作需要邀请各委员参加；林汉达任秘书处主任，曹伯韩、郑之东任副主任。

【22日】政务院第125次政务会议通过《中央人民政府政务院关于地方民族民主联合政府实施办法的决定》。在关于人民代表会议的第四项中规定："各民族代表在人民代表会议的协商委员会或常务委员会上，有使用本民族语言、文字的权利。会议中的重要报告、文件和发言，应尽可能译成参加会议的各民族的文字，或配备译员作口头翻译。"在关于人民政府的第四项中规定："人民政府行使职权时，应尽可能地使用当地各民族的文字。"

政务院第125次政务会议通过《中华人民共和国民族区域自治实施纲要》。其中第十五条规定："各民族自治区自治机关得采用一种在其自治区内通用的民族文字，为行使职权的主要工具；对不适用此种文字的民族行使职权时，应同时采用该民族的文字。”第十六条规定：“各民族自治区自治机关得采用各民族自己的语言文字，以发展各民族的文化教育事业。”

政务院第125次政务会议通过《中央人民政府政务院关于保障一切散居的少数民族成分享有民族平等权利的决定》。其中第五项规定：“凡散居的少数民族成分，有其民族语言、文字者，得在法庭上以本民族语言、文字进行诉辩。”

政务院第125次政务会议通过，并经中央人民政府主席批准的《各级政府民族事务委员会试行组织通则》第四条第五款规定，各级政府民委“协助少数民族语言文字的研究”。

【本月】中国文字改革协会宣告结束。该会秘书处并入中国文字改革研究委员会秘书处。

3月

【12日】政务院文化教育委员会主任郭沫若向毛泽东、刘少奇、周恩来等中央领导同志转呈中国文字改革研究委员会主任马叙伦、副主任吴玉章草拟的关于中国文字改革研究委员会成立的报告和1952年工作计划纲要。3月22日，毛泽东主席批示同意。

【17日】中国文字改革研究委员会拼音方案组召开第一次会议。吴玉章、黎锦熙、魏建功、罗常培、吴晓铃、林汉达、韦悫、陈家康、曹伯韩、郑之东等出席会议。会议讨论了中国拼音文字字母的制订，多数与会代表同意以注音字母为基础进行修改。

【25日】中国文字改革研究委员会汉字整理组召开第一次会议。魏建功、黎锦熙、季羡林、林汉达、叶恭绰、曹伯韩、郑之东、易熙吾等出席会议。会议决定当前工作的中心任务为简化汉字，并决定以本会筹备期间选出的第一批简体字550个为基础，继续进行修改删选。

【30日】中国文字改革研究委员会教学试验组召开第一次会议。会议决定，在拼音文字方案确定以前，注重研究速成识字法的拼音教学问题。

4月

【22 日】中国文字改革研究委员会拼音方案组召开第二次会议。吴玉章、黎锦熙、罗常培、韦悫、魏建功、丁西林、林汉达等出席会议。会议讨论了中国拼音字母的几个原则问题：1. 在拼音字母民族化的原则下，是否可以就注音字母略作必要的修改，不要变动过大；2. 拼音字母是否必须音素化，这种音素化应如何进行；3. 是否标调，标在什么地方。

5月

【16 日】中国文字改革研究委员会汉字整理组召开第二次会议。叶恭绰、魏建功、季羡林、韦悫、黎锦熙、林汉达、曹伯韩、郑之东、易熙吾等出席会议。会议讨论通过了制订《第一批简体字表》的四条原则：1. 已有通行简体的字，以述而不作、不另造简体为原则，但无通行简体而笔画较多的较常用字，不妨另找简体；2. 简体字以印刷体为准，构造宜注意与手写体相近，偏旁简化可以类推；3. 异体字另行处理，代用字暂不列入本表；4. 简体字表公布时，以简体字为主，附注繁体字。会议根据以上原则，初步决定了第一批简体字的草稿。

6月

【2 日】中国文字改革研究委员会拼音方案组召开第三次会议。吴玉章、韦悫、黎锦熙、罗常培、吴晓铃、林汉达等出席会议。

【5 日】教育部公布收字 1500 个的《常用字表》，中国文字改革研究委员会秘书处另选出 500 字作为补充常用字，合计 2000 字。7 月，人民教育出版社出版《常用字表》单行本。

【11 日】中国文字改革研究委员会、中国科学院语言研究所合办的《中国语文》杂志社成立。韦悫任社长，罗常培任总编辑，林汉达任副总编辑，叶圣陶、黎锦熙、吴晓铃、郑之东任编辑委员。

【12 日】中国文字改革研究委员会拼音方案组召开第四次会议。吴玉章、韦悫、黎锦熙、罗常培、丁西林、魏建功、陈家康等出席会议。

【21 日】中国文字改革研究委员会汉字整理组召开第三次会议。主任委员马叙

伦在会上讲话。会议决定第一批简体字为500个，暂时限定范围在《常用字表》及补充常用字的2000字以内。这500字将由小组研究选出，并在取得一致意见后，提交研究委员会全体委员会议讨论决定。

7月

【20日】中国文字改革研究委员会和中国科学院语言研究所合作编辑的《中国语文》杂志创刊。

【本月】中央人民政府人民革命军事委员会海军部召集全国各舰队通讯战士60多人，在上海华东海军部举办新文字速成训练班。

《中国语文》从创刊号开始连载中国科学院语言研究所语法小组编写的《语法讲话》。《语法讲话》开始运用现代语言学的理论和方法探索现代汉语语法的规律。1961年12月由商务印书馆出版，改名为《现代汉语语法讲话》。

8月

【13日】中国文字改革研究委员会拼音方案组召开第五次会议。吴玉章、韦悫、罗常培、魏建功、丁西林、林汉达等出席会议。

【26日】中国文字改革研究委员会召开第二次全体委员会议。马叙伦、吴玉章、韦悫、罗常培、丁西林、魏建功、叶恭绰、吴晓铃、林汉达等出席会议。吴玉章介绍了拼音方案组工作的情况，并将初拟的三种拼音方案提交会议讨论。韦悫谈了拟定方案的三个原则：1. 民族形式；2. 在注音字母的基础上进行必要修改；3. 音素化。

10月

【14日】中国文字改革研究委员会汉字整理组召开第四次会议。叶恭绰、黎锦熙、魏建功、季羡林、丁西林等出席会议。会议在原表695个简体字基础上又增加5个简体字，制订出共有700个字的简体字表。会议还提议，立即着手制定简字手书体，全面整理汉体字和异体字等几项工作。

【23日】中国文字改革研究委员会拼音方案组召开第六次会议。吴玉章、罗常培、陆志韦、魏建功、吴晓铃、林汉达、张照等出席会议。会议通过了一个汉语拼音字母表，其中声母24个，韵母37个。

11 月

【5 日】中国文字改革研究委员会汉字整理组召开第五次会议。叶恭绰、魏建功、黎锦熙、丁西林、季羡林等出席会议。会议通过了编制 700 个简体字的具体规定，同时委派丁西林对秘书处收集的异体字进行选择。

【15 日】中央人民政府扫除文盲工作委员会成立。群众性的扫盲运动开始有计划、有步骤地在全国大规模展开。

【本年】国营电影制片厂开始用蒙古语、维吾尔语、朝鲜语等少数民族语言译制影片。

1953年

1月

【15日】经政务院文化教育委员会批准，民族出版社成立。

【本月】经政务院文化教育委员会批准，盲人李玎成功研制盲文铅印排版法。

2月

【20日】中国文字改革研究委员会汉字整理组召开第六次会议。叶恭绰、丁西林、季羡林、魏建功、林汉达等出席会议。会议传达了毛泽东主席关于拼音方案和简化汉字的有关指示，并根据指示讨论了汉字整理组1953年的工作计划。

3月

【25日】中国文字改革研究委员会召开第三次全体委员会议。马叙伦、吴玉章、丁西林、魏建功、叶恭绰、林汉达、黎锦熙、陆志韦、季羡林、吴晓铃等出席会议。主任委员马叙伦作了1952年工作总结报告，介绍了毛泽东主席关于中国拼音文字的字母草稿和选拟的第一批简体字的审阅意见。会议还讨论了1953年工作计划纲要。

4月

【3日】中国文字改革研究委员会汉字整理组召开第七次会议。叶恭绰、丁西林、黎锦熙、魏建功、林汉达、季羡林、曹伯韩等出席会议。会议讨论通过了汉字整理的工作计划。

【17日】中国文字改革研究委员会拼音方案组召开第七次会议。韦悫、吴玉章、黎锦熙、陆志韦、魏建功、丁西林、林汉达等出席会议。与会代表对拼音方案的民

族形式进行了讨论。

6月

【29日】中国文字改革研究委员会拼音方案组召开第八次会议。马叙伦、吴玉章、韦悫、丁西林、黎锦熙、魏建功、陆志韦、林汉达等出席会议。会议就吴玉章、丁西林、韦悫、林汉达及秘书处所拟的五个拼音字母方案进行了讨论，并提议按照方案的类型分两组进行探讨。

7月

【本月】教育部盲聋哑教育处设立盲文编译组，担负出版印刷盲文读物和盲校教科书的任务，同年12月并入中国盲人福利会出版组。

9月

【6日】中国文字改革研究会汉字整理组编成供印刷上代替繁体字用的《简体字表稿》，共收编700字。

【26日】中国科学院语言研究所召开少数民族语文研究扩大会议。会议听取和讨论了刘格平作的关于民族政策的报告和傅懋勣作的关于少数民族语文工作的报告，并就少数民族语文工作提出了一些原则性意见。

中宣部举行研讨会，讨论如何帮助尚无文字的民族创立文字的问题，并就语言文字的调查研究、文字设计方案、培养干部、推行文字等几项工作作了决定。

10月

【1日】党中央成立中央文字问题委员会。委员会主任胡乔木，副主任范文澜；委员包括董必武、徐特立、吴玉章、谢觉哉、成仿吾、胡绳、聂真、胡锡奎、张照、郑之东等34人。成立委员会的目的是协调党内对文字改革的不同意见，研讨文字改革工作上的重大原则和实行步骤问题，并向中央提供切实可行的意见。当日在中南海召开第一次会议。

【5日】中国文字改革研究委员会拼音方案组召开第九次会议。吴玉章、韦悫、

丁西林、陆志韦、林汉达、魏建功、吴晓铃等出席会议。会议讨论了吴玉章所拟的方案，基本同意音素化的三拼制原则，并提出修改意见；建议除了三拼方案外，再拟一个双拼方案，以便比较和最后选定。

【12日】中国文字改革研究委员会汉字整理组召开第八次会议。吴玉章、韦悫、叶恭绰、丁西林、黎锦熙、季羡林、魏建功、林汉达等出席会议。会议认为汉字整理应注意四个方面的问题：1. 同音代替要从词的方面考虑，不要单从字上来考虑；2. 要考虑到代替字与被代替字的常用程度；3. 汉字整理组目前的工作过于急促，应缓一些；4. 同音代替字不要太多。

【19日】政务院文化教育委员会聘任韦悫为中国文字改革研究委员会副主任委员，负责主持日常会务；聘任董纯才为中国文字改革研究委员会委员。

【本月】中国文字改革研究委员会秘书处编制《保留字表》和《保留字表（第二式）》。

11月

【7日】中国文字改革研究委员会汉字整理组召开第九次会议。吴玉章、黎锦熙、叶恭绰、董纯才、丁西林、季羡林、魏建功等出席会议。

【21日】中央文字问题委员会举行第二次会议。会议研究了整理和简化汉字问题，并根据中国文字改革研究委员会一年多的研究所得，向党中央写了请示报告，提出可以首先实行的四项初步改革办法：1. 推行简化字；2. 统一异体字；3. 确定常用字，并对非常用字加注音；4. 极少数汉字改用拼音字母，先从最常用而不易写的虚字做起。会议还主张“集合人力以解决字母问题”，并建议于1954年召开全国语文专家会议，把讨论结果报请中央批准。

【22日】《中国语文》11月号刊登了中国文字改革研究委员会秘书处整理的《各地寄来拼音方案整理报告》（1950年10月至1953年7月）。投寄方案共194份，方案按字母形式分为七类。

【本月】中国文字改革研究委员会提出《精简汉字工作的报告》，供精简汉字时参考。报告提出，汉字必须从形体上和数量上同时进行有系统的简化；工作程序是先精简数量，然后简化形体。

中国文字改革研究委员会秘书处编印《7635 字分类表》。

12 月

【25 日】中国文字改革研究委员会拼音方案组召开第十次会议。吴玉章、韦悫、林汉达、罗常培、黎锦熙、吴晓铃、陆志韦等出席会议。吴玉章介绍了修改拼音方案的过程。会议基本上同意吴玉章的三拼方案，并建议进一步修改后在《中国语文》1954 年 2 月号上向社会征求意见。

【26 日】中国文字改革研究委员会汉字整理组召开第十次会议。吴玉章、韦悫、叶恭绰、魏建功等出席会议。郑之东传达了中宣部对汉字整理工作的意见。会议形成以下决定：1. 以 1500 个常用字整理工作为中心工作；2. 整理异体字；3. 进行字形简化，并于 1954 年第一季度确定《异体字统一写法表》，拟出常用简体字的初步方案。

【本月】《新华字典》由人民教育出版社出版（1957 年改由商务印书馆出版）。《新华字典》是新中国成立后由国家出版社出版的第一部语文性新编字典，是供初、中等文化程度读者使用的小型语文工具书。

【本年】教育部公布黄乃主持设计的拼写汉语普通话、词儿连写的“新盲文”（后称“现行盲文”）方案，在全国推广。

《中国文字拼音化问题》出版。该书汇聚了 1952 年至 1953 年有关文字改革方针政策的重要文章。

1954年

1月

【13日】政务院文化教育委员会增聘邵力子、胡愈之、叶籁士、吕叔湘、傅懋勣等五人为中国文字改革研究委员会委员。

2月

【22日】中国文字改革研究委员会汉字整理组召开第11次会议。叶恭绰、吴玉章、韦悫、丁西林、黎锦熙、魏建功、邵力子、季羡林、董纯才等出席会议。2月26日召开了第11次会议的第二次会议。叶恭绰、胡愈之、韦悫、邵力子、丁西林、魏建功等人出席会议。两次会议对秘书处提出的《偏旁简化表》及《常用字分类简化表》进行了讨论。

3月

【17日】《光明日报》的《文字改革》双周刊创刊。

【本月】中国第一个盲文版残疾人读物《盲人月刊》在北京创刊。毛泽东主席为刊物命名，谢觉哉书写刊名。

5月

【20日】政务院第217次政务会议决定，帮助尚无文字的民族创立文字。

【本月】中国文字改革研究委员会汉字整理组编制了《常用字简化表草案（第四稿）》。

7月

【10 日】中国文字改革研究委员会汉字整理组召开第 12 次会议。吴玉章、韦悫、叶恭绰、黎锦熙、丁西林、邵力子、林汉达、魏建功、吕叔湘等出席会议。会议基本通过《常用字简化表草案（第四稿）》。

【15 日】中国文字改革研究委员会召开第四次全体委员会议。吴玉章、韦悫、董纯才、叶恭绰、邵力子、罗常培、叶圣陶、胡愈之、叶籁士、陆志韦、林汉达、魏建功、吴晓铃、黎锦熙、季羡林、丁西林等出席会议。会议讨论了五套民族形式的拼音方案草案和汉字整理工作，并决定由韦悫、叶恭绰、丁西林、叶圣陶、魏建功、林汉达六位委员和曹伯韩组成七人小组，审核《印刷体简体字表》和《异体字统一写法表》。

【19 日】政务院文化教育委员会增聘叶圣陶为中国文字改革研究委员会委员。

【21 日】中国文字改革研究委员会汉字整理七人小组召开第一次会议，特邀罗常培、叶籁士参加。会议就简化汉字问题交换了意见，并议定了工作原则：1. 以现有简体字和行草书为基础，对印刷、手写二体合并处理。2. 异体字基本上以同音同义为范围，选定一个简单的；未简化的暂时不搞。3. 代用字已经约定俗成的可以采取，其余的可征求意见。4. 标准字可选两三千个，多选些，然后分批完成。

【22 日】《中国语文》7 月号发表中国文字改革研究委员会秘书处草拟的《现代用字统计报告》。

8月

【2 日】中国文字改革研究委员会拼音方案组收到各地各界人士寄来的汉语拼音方案已超过 270 种。拼音方案组请示将这些方案加以整理，把有代表性的、较成熟的汇编成册。

9月

【20 日】第一届全国人民代表大会第一次会议通过《中华人民共和国宪法》。其中第三条规定：“各民族都有使用和发展自己的语言文字的自由。”第七十一条

规定："自治区、自治州、自治县的自治机关在执行职务的时候，使用当地民族通用的一种或者几种语言文字。"第七十七条规定："各民族公民都有用本民族语言文字进行诉讼的权利。人民法院对于不通晓当地通用的语言文字的当事人，应当为他们翻译。"

10月

【8日】根据周恩来总理的提议，第一届全国人民代表大会常务委员会第二次会议批准设立中国文字改革委员会，作为国务院直属机构。

【本月】中国文字改革研究委员会就汉字整理问题给党中央写了报告，《常用汉字简化表草案（第五稿）》作为报告的附件上报。11月，党中央同意报告。

中国文字改革研究委员会编成《本会委员草拟拼音字母对照表》（共24种）。

中国文字改革研究委员会向党中央呈报《关于整理汉字的报告》。报告概述了整理简化工作的过程，介绍了汉字整理简化的原则，拟定了汉字简化的步骤。11月，党中央批复同意。

11月

【10日】国务院发出通知，决定设立20个直属机关，主办各项专门业务，其中包括中国文字改革委员会。

【20日】国务院任命吴玉章为中国文字改革委员会主任，胡愈之为副主任；吴玉章、胡愈之、韦悫、丁西林、叶恭绰等五人为常务委员，进行成立中国文字改革委员会的筹备工作。

【30日】中国文字改革委员会常务委员会举行第一次会议。会议讨论决定，将《常用汉字简化表草案（第五稿）》作必要的修改，形成《汉字简化方案草案》。草案分为三个表：《798个汉字简化表草案》《拟废除的400个异体字表》《汉字偏旁手写简化表》。

【本月】中共中央印发《关于讨论汉字简化方案的指示》，并附中国文字改革委员会主任吴玉章关于整理汉字问题的请示报告。

12 月

【16 日】国务院任命丁西林、王力、朱学范、邵力子、吴玉章、吕叔湘、季羡林、林汉达、胡乔木、胡愈之、马叙伦、韦悫、陆志韦、傅懋勣、叶恭绰、叶圣陶、叶籁士、赵平生、董纯才、黎锦熙、聂绀弩、魏建功、罗常培等23人为中国文字改革委员会委员。

【23 日】中国文字改革委员会举行第一次全体会议，正式宣告成立。原中国文字改革研究委员会即日起撤销。吴玉章为主任，胡愈之为副主任，叶籁士为秘书长，赵平生、庄栋为副秘书长。吴玉章、胡愈之、韦悫、丁西林、叶恭绰等五人为常务委员。会上，吴玉章在报告中指出，前中国文字改革研究委员会改组成中国文字改革委员会，不仅是名称的改变，而且是机构性质的改变。现在不仅做研究工作，还应该走到人民、生活中去，根据政府的政策采取切实可行的步骤来推行各项文字改革的具体工作。会议通过了《汉字简化方案（初稿）》和《1955 年工作计划大纲（草案）》。

【28 日】中国文字改革委员会（简称“中国文改会”）邀请出席第二届中国人民政治协商会议的部分代表举行文字改革问题座谈会。

【本年】中国文字改革研究委员会秘书处拼音方案工作组编印《各地人士寄来汉语拼音文字方案汇编》。

人民教育出版社接受中国文改会委托，拟订“暂拟汉语教学语法系统”，编写《汉语》课本，课本主编张志公。

1955 年

1月

【1 日】《光明日报》实行横排，是我国第一份左起横排的全国性大报。

【3 日】中国文改会召开第五次常务会议。会议讨论修改了《中国文字改革委员会组织大纲（草案）》和《汉字简化方案草案（初稿）》的修改问题。

【4 日】中国文改会召开第六次常务会议。会议讨论修改了根据第五次常务会议的意见整理出来的组织大纲，讨论修正通过《汉字简化方案草案说明》，讨论修正通过《汉字简化方案草案》的意见表。

【7 日】教育部中国文改会发表《汉字简化方案草案》。草案包括《798 个汉字简化表》《拟废除的 400 个异体字表》《汉字偏旁手写简化表》，并在全国各地征求意见。

中国文改会、教育部、解放军总政治部、中华全国总工会发出通知，印发《汉字简化方案草案》30 万份，要求各省（市）教育厅（局）、部队和工会组织讨论，征求意见。

【8 日】中国文改会召开第七次常务会议。会议讨论通过《中国文字改革委员会组织大纲（草案）》和吴玉章提出的秘书长、副秘书长及各业务部门主任、副主任名单。名单如下：秘书长叶籁士，副秘书长庄栋、赵平生；拼音方案部主任吴玉章，副主任胡愈之；汉字整理部主任叶恭绰，副主任魏建功、曹伯韩；技术指导部主任丁西林；宣传推广部主任韦悫，副主任庄栋（兼）；编辑出版部主任林汉达；方言调查部主任丁声树；词汇研究部主任吕叔湘；语文教学部主任叶圣陶。

教育部、中国文改会发出通知，征求对《汉字简化方案草案》的意见。

【13 日】国务院常务会议通过《中国文字改革委员会组织大纲》。大纲指出，

中国文字改革委员会根据《中华人民共和国国务院组织法》第六条设立，为国务院直属机构之一；委员会的任务是制定汉语拼音方案和整理汉字以及其他有关的各项工作；委员会由主任、副主任、常务委员和委员组成，委员会组成人员由国务院任命；委员会下设拼音方案、汉字整理、方言调查、词汇研究、语文教学、技术指导、编辑出版、宣传推广等部。

【15 日】中国文改会召开第八次常务会议。会议通过委员会工作人员名单，讨论了 1955 年上半年工作计划。

【20 日】中国文改会主任吴玉章在国务院全体会议上作关于整理汉字问题的报告。报告介绍了整理工作的经过、整理简化的原则和逐步推行的步骤。

中国文改会召开新闻出版界座谈会，商谈各报刊宣传文字改革工作的问题。

【22 日】中国文改会向中央、国家机关、各民主党派、各高等院校发出通知，征求对《汉字简化方案草案》的意见。

【31 日】中国文改会召开第十次常务会议，讨论公文改横行问题。会议决定由技术指导部研究方案，并与计划委员会、重工业部等单位联系，吸取他们实行公文横行的经验，最后向国务院正式提出建议。

【本月】从本月起，包括《新华月报》《新观察》《中学生》《世界知识》《时事手册》在内的全国 70%的期刊实行横排。

2月

【2 日】中央一级主要报纸、刊物发表《汉字简化方案草案》。

【7 日】中国文改会召开第 11 次常务会议。会议决定增聘丁西林、王力、杜松寿、高名凯、倪海曙、陆志韦、庄栋、陈刚、魏建功等 9 人为《中国语文》杂志社编委。

【21 日】中国文改会召开第 12 次常务会议。会议决定成立拼音方案委员会，吴玉章、胡愈之、韦悫、丁西林、林汉达、罗常培、陆志韦、黎锦熙、王力、倪海曙、叶籁士等 11 人为委员。

国务院发布《关于发行新的人民币和收回现行的人民币》的命令，责成中国人民银行自 3 月 1 日起，发行每种券别版面均印有汉文、蒙古文、藏文、维吾尔文四种文字的新币。

【25 日】中国文改会就中央机关组织讨论《汉字简化方案草案》的问题向周恩来总理请示。周总理 3 月 4 日批示同意。

【26 日】中国文改会召开第二次全体会议。会议讨论通过了拼音方案部 1955 年上半年工作计划，决定成立拼音方案委员会。傅懋勣、魏建功提出，应加强对北京语音的研究，加强对北京语音与其他方言的联系的研究，使未来的拼音方案也适当照顾其他方言；形式是次要的问题，应首先确定音素。

【28 日】党中央批准吴玉章任中国文改会党组书记。

3 月

【4 日】中国文改会邀请北京各报社、杂志社和出版社负责人就报刊上试用一部分简化字问题举行座谈会。

【5 日】中国文改会邀请各省（区、市）教育厅（局）长及各地工农速成中学校长分别举行文字改革问题座谈会。

【12 日】中国文改会拼音方案委员会召开第一次会议。会议讨论通过了《拼音方案委员会讨论规划草案》，并确定了讨论步骤与提纲。

【16 日】《民族画报》双月刊创刊。该刊用汉文、蒙古文、藏文、维吾尔文、朝鲜文、哈萨克文六种民族文字刊行（后增加壮文版至 1966 年）。

【26 日】中国文改会拼音方案委员会召开第三次会议，讨论标准音问题。会议通过“以北京语音为基础，加以适当调整”的意见。

【本月】政协全国委员会根据周恩来总理的指示，举行关于汉字简化和改革问题的报告会。出席报告会的有全国政协常委、全国人大委员会常委和中央各部委的负责人。董必武在政协全国委员会常委小组讨论会上就汉字简化问题作了说明。3 月 15 日，吴玉章作了《关于汉字简化问题》的报告，胡乔木作了《关于汉字简化和改革问题》的报告。会议期间，文化部、教育部、邮电部、新华社等与文字改革关系比较密切的部门，分别组织干部群众讨论了《汉字简化方案草案》。

4 月

【2 日】中国文改会拼音方案委员会召开第四次会议。会议讨论拼音方案的音节

结构问题，决定音节结构采用音素制。

【25 日】中国文改会召开第 19 次常务会议。会议讨论建立《汉字简化方案草案》审订委员会，决定周有光为拼音方案委员会委员兼拼音方案部研究员。

【29 日】《工人日报》发表社论《为什么要进行文字改革？》。

【30 日】中国文改会拼音方案委员会连续召开第五次会议、第六次会议（5 月 7 日召开），讨论了字母形式和声调符号的问题，对声调符号作出了决定。

5 月

【6 日】刘少奇听取了吴玉章关于文字改革工作的汇报，并就简化字的推行、普通话教学、拼音方案试行提出了意见。

【9 日】经国务院批准，中国文改会接收原属北京师范大学的中国大辞典编纂处，作为该会附设的事业机构。黎锦熙任主任，吕叔湘任副主任。

中国文改会召开第 20 次常务会议，讨论语文教学部叶圣陶向教育部提出的关于语音规范化问题的建议。

【14 日】中国文改会拼音方案委员会召开第七次会议，讨论字母形式问题。会议决定采用现成的国际通用字母，必要时作个别调整。

【21 日】中国文改会拼音方案委员会召开第八次会议，讨论拟定拼音方案的基本原则。

6 月

【6 日】中国科学院语言研究所召开关于云南、贵州、广西、西康等省区少数民族文字创立改进工作座谈会。

【24 日】中国文改会召开第 22 次常务会议。会议决定《中国语文》杂志由中国科学院语言研究所接办。

【25 日】国务院汇报会审核批准了中国文改会主任吴玉章 6 月 13 日给周恩来总理呈送的《关于成立汉字简化方案审订委员会审订汉字简化方案的请示报告》。

7月

【3日】刘少奇批示同意中国文改会党组于1955年6月24日呈送的《关于试用简化字的请示》，要求全国各地报刊分批风格时间采用简化字，以免改变太多或太快引起不便。

【10日】文化部、中国文改会印发《关于各省、市报纸、杂志试用第一、二批简化字及铜模的供应问题的通知》。

【13日】经中央书记处同意，国务院成立汉字简化方案审订委员会。董必武任主任委员，郭沫若、马叙伦、胡乔木任副主任委员，张奚若、沈雁冰、朱学范、邵力子、张修竹、项南、许广平、徐忻、舒舍予、曾昭抡、邓拓、付彬然等任委员。

教育部印发《关于举办小学语文教师标准语音训练班的通知》，要求各地举办训练班。

【16日】中国文改会印发《关于京、津及各省、市报纸、杂志试用第一、二批简化汉字问题的补充通知》。通知要求，北京、天津报刊可于8月15日起采用第二批试用的简化汉字（84个）；其他各省、市报刊从8月份起，先行采用第一批简化汉字，以后隔三四个月再采用第二批。

【17日】中国科学院编译局召集各有关方面的专家就科学用字如何结合汉字简化问题进行讨论，并对科学用字的简化问题提出具体意见。

【22日】中国文改会召开报刊和出版界座谈会。北京各主要报刊、出版社、印刷厂、新华字模制造所、出版事业管理局等20个单位的代表出席会议。胡愈之在座谈会上讲话。会议讨论了在报刊、图书上试用第三批简化汉字和铅字铜模规范化等问题。

【本月】人民教育出版社采用第一、二批共141个试用简体汉字编印的新的初级小学教材《语文》第一册出版，并从秋季开始在全国重点地区试用。

8月

【3日】中国文改会召开第24次常务会议，讨论《汉字简化表草案修正稿》。

【25 日】中国文改会在北京图书馆展览厅举办的中国文字改革文献资料展览会开始预展。展览会于 9 月 5 日正式开始，9 月 16 日闭幕。

9 月

【16 日】汉字简化方案审订委员会举行第一次会议。会议由董必武主持。会议通过了简化汉字采取“约定俗成，稳步前进”的方针。

【22 日】《中国语文》9 月号发表《内蒙古自治区人民委员会关于推行新蒙文的决定》。

【28 日】汉字简化方案审订委员会举行第二次会议。会议由胡乔木主持。会议决定由中国文改会根据讨论情况作出取舍，将汉字简化方案交审订委员会投票复决，再由中国文改会提交全国文字改革会议讨论。讨论后，审订委员会再作最后审订，之后提请国务院公布。会议原则通过了《异体字整理表》，并提交出版事业管理局参考采用。

10 月

【13 日】中国文改会召开第三次全体会议。会议讨论了《汉字简化方案》，准备提交全国文字改革会议审议。韦悫报告了全国文字改革会议的筹备情况。

中国文改会拼音方案委员会召开第十次会议。会议决定把四份汉字笔画式方案（草案）、一份拉丁字母式方案（草案）和一份斯拉夫字母式方案（草案）提交全国文字改革会议征求意见。

【15 日】教育部、中国文改会联合召开的全国文字改革会议在北京举行。参加会议的有来自全国 28 个省（区、市）和中央一级各机关、部队、人民团体的代表 207 人。会议的首要任务是解决两个迫切问题：通过《汉字简化方案》和推广以北京语音为标准音的普通话——汉民族共同语。国务院副总理陈毅就政治形势和文字改革、推广普通话问题作了重要讲话，并传达了中央负责同志对会议的关怀和支持；中国科学院院长郭沫若作了题为《为中国文字的根本改革铺平道路》的讲话，特别就汉字的发展历史和改革道路作了分析；文化部部长沈雁冰作了《文艺工作者必须把自己的创造劳动和文字改革工作相结合》的报告；中国文改会主任吴玉章作了《文

字必须在一定条件下加以改革》的报告，阐述了文字改革的方针和简化汉字采取“约定俗成，稳步前进”的方针；教育部部长张奚若作了《大力推广以北京语音为标准音的普通话》的报告，提出了推广普通话采取“重点推行，逐步普及”的方针；中国文改会常务委员叶恭绰作了关于汉字简化工作的报告；中宣部副部长胡乔木作了总结性发言。中国科学院语言研究所苏联顾问谢尔久琴柯作了题为《关于中国文字的几个问题》的报告。与会代表讨论了《汉字简化方案修正草案》和《第一批异体字整理表草案》；对《汉字简化方案修正草案》作了必要的修正和补充之后，对这两个文件一致表示同意。会议通过了提案审查委员会的《提案审查报告》和《全国文字改革会议决议》。这次会议是中国历史上第一次全面讨论文字改革问题的会议。它标志着新中国文字改革工作研究准备阶段的完成而进入了全面实施的阶段。

【24日】教育部召集参加全国文字改革会议的中小学、各级师范学校教师和教育行政干部代表举行座谈会。根据全国文字改革会议的决议，研究了推广普通话的方针和在学校中用普通话教学的步骤、要求，讨论了训练教师、编辑普通话教材等问题。教育部副部长董纯才作总结性发言，号召各级各类学校要大力推广普通话教学，积极采用简化字；教育部决定在教育行政部门的公文往来中采用简化字，并且推广横写横排。

《光明日报》发表社论《文字改革工作的伟大开端》。

【25日】中国科学院哲学社会科学部在北京召开现代汉语规范问题学术会议。来自全国各地的语言研究工作者、语文教学工作者以及文学、翻译、戏剧、电影、曲艺、广播、新闻、出版、速记工作者共122人出席会议。苏联、波兰、罗马尼亚、朝鲜等国的语言学家也应邀参加会议。会议由郭沫若、陈望道和罗常培任执行主席，郭沫若致开幕词。国务院副总理陈毅发表讲话，对语言工作者提出了希望和要求。会议听取和讨论了中国科学院语言研究所所长罗常培、副所长吕叔湘作的关于现代汉语规范问题的报告，听取了陆志韦、陆宗达、郑奠、丁声树和李荣的学术发言。会议通过了《现代汉语规范问题学术会议决议》，对普通话和规范化的含义取得共识：普通话以北方话为基础方言，以北京语音为标准音，是符合汉语的实际情况和历史发展的。决议提出组成普通话审音委员会、研究并确定普通话常用词汇的语音，组成词典计划委员会、拟订《现代汉语词典》的详细编纂计划，拟在两年内完成汉语方言初步普查，中国科学院语言研究所和各高校加强语言研究上的工作联系，各

新闻出版单位加强在语言文字方面的审查工作等建议。陈望道作了会议总结。

【26 日】教育部设立普通话教学指导处，负责全国学校普通话教学的领导、普通话师资的培训和普通话教材的供应。该处直属教育部领导，和中国文改会普通话推广处实行合署办公。1959 年，该处并入中国文改会研究推广处。

《人民日报》发表社论《为促进汉字改革、推广普通话、实现汉语规范化而努力》。

《中国青年报》发表社论《在文字改革中做好三件事》。

11 月

【4 日】解放军总政治部印发《关于在军队中推行汉字简化、推广普通话和实现现代汉语规范化的通知》。

【17 日】教育部印发《关于在中小学和各级师范学校大力推广普通话的指示》。指示要求，全国中小学和各级师范学校必须逐步用普通话教学，使学生学会说普通话；在学校中用普通话教学，应该从语文科做起，逐渐推广到各科。

【21 日】教育部印发《关于在各级学校推行简化汉字的通知》和《对推行简化汉字和横行排写等问题的规定》。

【25 日】《光明日报》发表社论《教师们应当成为推广普通话的积极分子》。社论指出，在推广使用简化字的同时，应该逐步实行横写横排，学生作业本、试卷等也应该尽量实行横写横排。

12 月

【6 日】中国科学院和国家民委在北京召开民族语文科学讨论会（后称为“第一次民族语文科学讨论会”）。胡乔木、吴玉章在会上讲话。傅懋勣作了《帮助少数民族创立、改进和改革文字工作的情况和问题》的报告。会议交流了民族语文工作的情况和经验，交换了如何帮助少数民族创立、改进和改革文字的意见，制定了少数民族语文工作的初步规划，建议在两三年内对全国少数民族语言进行调查，并帮助需要创制或改革文字的民族确定文字方案。会议于 15 日结束。

【10 日】中国文改会、文化部印发《关于〈汉字简化方案〉中第一批简化字 260 个，

拟自 1956 年 1 月 1 日起试用的通知》。

【22 日】文化部、中国文改会印发《关于发布第一批异体字整理表的联合通知》，决定从 1956 年 2 月 1 日起在全国实施第一批异体字。

【24 日】中国文改会拼音方案委员会召开第 11 次会议，决定把原来的《拼音文字方案》的名称改为《汉语拼音方案》。

【本月】共青团中央作出《关于在七年内扫除全国农村青年文盲的决定》。决定要求，从 1956 年到 1962 年，依靠已有的 3000 多万农村识字青年，扫除全国 7000 多万农村青年文盲，使全国 80% 左右的青年文盲脱离文盲状态，每人认识约 1500 字。

【本年】从本年起，全国进行了大规模的方言普查。在不到三年的时间内，普查了 1849 个点，约占全国县市的 80%；编辑了 10 多种“方言概况”和 300 多种“学习普通话手册”。

中国文改会编制出《通用字表（初稿）》，收字 5709 个。

中国科学院语言研究所编制的《方言调查字表》由科学出版社出版。

1956年

1月

【1日】《人民日报》和地方报纸改为横排。

【7日】中国文改会召开第26次常务会议，讨论向国务院请示工作的报告。报告包括：1. 把《汉字简化方案》送交各审订委员审定，然后提请国务院公布；地名生僻用字、少数民族汉字名称用字，建议分别由内务部会同中国文改会与当地协商，国家民委会同文改会与本民族协商。2. 建议国务院设立中央一级的推广普通话工作委员会。3. 经过拼音方案委员会十个多月的工作、30多次会议的讨论，拼音方案的制订工作基本完成。

【10日】中国文改会召开第四次全体会议。会议对个别字母作了修改后，一致通过了拼音方案委员会提出的拉丁字母式的《汉语拼音方案（草案）》。会议推举叶籁士、陆志韦、周有光组成小组，根据通过的方案，负责起草《汉语拼音方案（草案）》和《关于拟定汉语拼音方案（草案）的几点说明》。

【16日】国务院汉字简化方案审订委员会同意中国文改会于1956年1月再次修正的《汉字简化方案》。

【20日】中央召开知识分子问题会议。中国文改会主任吴玉章在会上作了关于文字改革的发言，毛泽东主席作重要讲话。

【27日】中共中央印发《关于文字改革工作问题的指示》，决定公布汉字简化方案，大力推广普通话，早日确定汉语拼音方案，发布一个文字改革宣传提纲，并明确指出，汉语拼音方案采用罗马字母比较适宜。

【28日】国务院全体会议第23次会议通过《关于公布〈汉字简化方案〉的决议》和《推广普通话的指示》，并决定成立中央推广普通话工作委员会，任命了委员会

的组成人员，委员会的工作机构设在中国文改会。

国务院发布《关于公布〈汉字简化方案〉的决议》。决议指出，1955 年 1 月提出的草案，经全国文字学家、各省、市学校的语文教师以及部队、工会的文教工作者约 20 万人参加讨论，提供意见，再经全国文字改革会议通过，并由国务院汉字简化方案审订委员会审订完毕。《汉字简化方案》分三个部分。第一部分即汉字简化第一表所列简化汉字共 230 个，已经由大部分报纸、杂志试用，应该从 1956 年 2 月 1 日起在全国印刷的和书写的文件上一律通用；除翻印古籍和有其他特殊原因以外，原来的繁体字应该在印刷物上停止使用。第二部分即汉字简化第二表所列简化汉字 285 个。第三部分即汉字偏旁简化表所列简化偏旁 54 个。为慎重起见，特先行公布试用，并责成各省、市人民委员会邀集本省、市政协委员征求意见，在 3 月底以前报告国务院，以便再作必要的修正，然后正式分批推行。

【30 日】中国文改会编印的内部刊物《文字改革通讯》第 1 期出版。至 1960 年 6 月 3 日停刊，该刊共出 34 期。

【31 日】中国科学院语言研究所成立普通话审音委员会。丁西林、丁声树、舒舍予、罗常培、吴文祺、吴晓铃、周有光、周祖谟、徐世荣、高名凯、陆志韦、陆宗达、欧阳予倩、齐越、魏建功等 15 人为委员。

【本月】共青团中央印发《关于普遍建立青年扫盲队的通知》。通知要求全国农村团的组织普遍建立青年扫盲队，组织农村知识青年担任民校、记工学习班、识字小组的教员和辅导员。据统计，从 1955 年冬至 1956 年春，全国入学人数有六千多万，其中工农青年四千多万（主要是农村青年）。仅 1955 年秋后的一年时间里，全国农村就扫除文盲六七百万人。

2月

【1 日】《汉字简化方案》的《汉字简化第一表》开始正式推行。

【2 日】国务院印发《关于成立中央推广普通话工作委员会的通知》。通知公布了中央推广普通话工作委员会的名单，陈毅为主任，郭沫若、吴玉章、陆定一、康生、林枫、张奚若、舒舍予为副主任，丁西林、丁声树、王力、王芸生、叶恭绰、叶圣陶、叶籁士、朱学范、吕叔湘、刘春、沈雁冰、吴冷西、邵力子、周有光、周建人、周扬、

周新武、罗常培、林汉达、胡乔木、胡愈之、胡绳、胡耀邦、范长江、夏衍、韦悫、陈克寒、曾昭抡、梅益、梅兰芳、黄松龄、董纯才、邓拓、蔡畅、黎锦熙、赖若愚、钱俊瑞、戴伯韬、萧三、萧华、谢觉哉、萨空了、魏建功等 43 人为委员。委员会的工作机构设在中国文改会。

【12 日】中国文改会在《人民日报》发表《汉语拼音方案（草案）》和《关于拟定〈汉语拼音方案（草案）〉的几点说明》。同日发表社论《努力推广普通话》。

【15 日】《光明日报》发表社论《大力推广普通话》。

【16 日】中华全国总工会印发《关于在职工中推广普通话的指示》。

教育部和中国科学院语言研究所联合举办第一期普通话语音研究班，学员 106 人。

【17 日】《光明日报》发表《欢迎〈汉语拼音方案（草案）〉》的社论。

【20 日】国务院发布《关于推广普通话的指示》。指示明确，汉语统一的基础已经存在了，这就是以北京语音为标准音、以北方话为基础方言、以典范的现代白话文著作为语法规范的普通话。在文化教育系统中和人民生活各方面推广普通话，是促进汉语达到完全统一的主要方法。指示对全国各行各业，各机关、组织、团体推广普通话都提出了要求。通知还就现代汉语词典编写、方言调查、推普干部培训、推广普通话工作委员会的设定、民族地区推普等提出了要求。

【22 日】《中国语文》1 月号发表国务院《关于推广普通话的指示》和社论《为完成语文工作的三大任务而奋斗》。

3 月

【5 日】政协全国常务委员会第 18 次扩大会议讨论《汉语拼音方案（草案）》。中国文改会主任吴玉章作了关于《汉语拼音方案（草案）》的报告。报告介绍了制订汉语拼音方案的原因、采取拉丁字母的原因和汉字的前途。叶恭绰、郑芸、钟惠澜、邓初民、张德庆、周建人、王遵明、胡庶华、吴家象等委员发言。会议还通过了组织讨论《汉语拼音方案（草案）》的计划。当日，中国人民政治协商会议印发《关于组织讨论〈汉语拼音方案（草案）〉的通知》。

【10 日】中国文改会召开第 27 次常务会议。会议决定建立推广普通话的工作机

构，通过了《1956 年上半年推广普通话工作计划纲要（草案）》和举办拼音字母讲习班的计划。会议还讨论了中国文改会委员如何参加政协讨论汉语拼音方案的问题。

国务院下发《关于各少数民族创立和改革文字方案的批准程序和实验推行分工的通知》。

【12 日】中央推广普通话工作委员会在北京举行第一次全体会议。会议由中央推广普通话工作委员会主任陈毅主持。会议听取了教育部副部长叶圣陶所作的报告《各省、市教育厅、局推广普通话工作初步总结》，修正并通过了《1956 年上半年推广普通话工作计划纲要》。会议决定，中央推广普通话工作委员会不另外设立机构，由中国文改会负责推广普通话整个工作的计划、指导和检查；中国文改会设立普通话推广处。

【15 日】铁道部政治部印发《关于在全国铁路推行文字改革的指示》。

【18 日】《中国语文》2 月号发表社论《大家来讨论研究〈汉语拼音方案（草案）〉和〈汉字简化方案〉》。

【20 日】高等教育部、教育部印发《关于汉语方言普查工作的指示》。指示提出，方言普查以帮助推广普通话为目的，着重调查语音，同时调查一部分词汇和语法特点；各地的汉语方言普查工作在 1956、1957 两年内完成；调查方言的任务主要由各地综合大学和高等师范学校的中国语言文学系分区负担。

【28 日】中国文改会、文化部联合发出通知，修正《第一批异体字整理表》内的“阪”“挫”二字。淘汰的异体字由 1055 个减为 1053 个。

【29 日】中共中央、国务院发布《关于扫除文盲的决定》。决定要求各地按照当地情况，从 1956 年开始在工农群众中大力开展识字教育，并对基本扫除文盲的时间、扫盲对象、扫盲标准等提出了规定。

4 月

【3 日】中央广播事业局印发《关于推广普通话的指示》。

【10 日】文化部印发《为贯彻国务院〈关于推广普通话的指示〉的通知》。

【26 日】中国文改会召开第 30 常务会议。会议专门讨论了中国文改会的机构问

题，原则上同意把机构改组为：第一研究室、第二研究室、第一编辑室、第二编辑室、文献档案室、宣传联铬处、普通话推广处、出版处、技术处、办公室。

教育部印发《关于组织教师收听“普通话语音教学讲座”的通知》。

【本月】中国科学院和国家民委组织中国科学院语言研究所、中央民族学院、各地民族语文机构及其他有关单位的 700 多人组成七个少数民族语言调查工作队，分赴全国少数民族地区进行语言调查。

5 月

【9 日】国务院印发《关于在各省（市）教育厅（局）设立普通话推广处（科）的通知》。通知要求由一位副厅长或副局长兼任普通话推广处（科）长，其他工作人员可以在现有编制内调整解决。

中国文改会拼音方案委员会举行第 14 次会议，对《汉语拼音方案（草案）》在试用时期字母的名称作出了决定。

【15 日】高等教育部、教育部印发《关于在高等学校和中等专业学校推广普通话的联合通知》。通知对高等学校、中等专业学校的教师、学生提出了说普通话的要求。

【22 日】中国科学院少数民族语言研究所筹备处和内蒙古蒙古文字改革委员会在呼和浩特联合召开蒙古语族语言科学讨论会。会议讨论了推行新蒙文和达斡尔族创立文字的问题。

【28 日】中央推广普通话工作委员会、中国文改会印发《请各地组织有关文字改革和推广普通话问题的报告会、讲演会的通知》。

【本月】教育部、中央广播事业局、中央人民广播电台联合举办“普通话语音教学广播讲座”，共举办讲座 24 次。《汉语拼音方案（草案）》的“拼音字母”为讲座试用的正音工具。

国务院批准中国文改会进行改组，改组后的机构设置有：办公室、第一研究室、第二研究室、第一编辑室、第二编辑室、出版处、文献档案室、宣传联络处、普通话推广处。后将编辑室和出版处剥离，成立文字改革出版社。

6月

【1日】《汉字简化方案》的第二批简化字开始正式推行。这一批推行了95个字。

【3日】内务部、中国文改会发函，征求对地名生僻用字简化的意见。

【16日】中国文改会拼音方案委员会召开第20次会议。会议决定由王力、陆志韦、黎锦熙三人组成小组，负责起草《汉语拼音方案修正草案要点（草稿）》。

【23日】文字改革出版社成立，并建立文字改革实验工场。

【29日】中国文改会拼音方案委员会举行关于修改《汉语拼音方案（草案）》座谈会。陈毅、胡乔木出席会议。

7月

【2日】共青团中央印发《关于在青少年中逐步推广普通话的通知》。

8月

【15日】专门研究实验汉语拼音文字的刊物《拼音》月刊创刊。创刊号是《汉语拼音方案（草案）》修正意见特辑。

【27日】交通部印发《关于推广普通话的指示》。

【本月】全国语法学者和语文工作者现代汉语语法问题座谈会在青岛召开。会议讨论通过了“暂拟语法系统”。1981年7月，全国语法和语法教学讨论会在哈尔滨召开。经会议讨论，在“暂拟语法系统”基础上重新制定了一个统一的汉语教学语法体系。

9月

【1日】教育部和中国科学院语言研究所合办的普通话语音研究班第二期开学，学员138人。

【19日】中国文改会召开第34次常务会议，讨论《通用汉字表》。会议确定，通用汉字的性质为现代一般书籍杂志上通用的汉字；选定通用汉字的目的是促进汉语用字的规范化，并且作为教学语文、编辑字典、电码本和刻制印刷字模等的依据。

【26 日】中国文改会主任吴玉章在中国共产党第八次全国代表大会上作关于中国文字改革问题的发言。

中国文改会召开第 35 次常务会议，讨论修正《汉字简化方案》中第二表和第三表的问题。会议决定召开座谈会，根据各地政协委员的意见，讨论并写成修正建议，由常务会议通过后送请国务院汉字简化方案审订委员会审订；待国务院批准后正式推行；已正式公布推行的《汉字简化方案》中的第一表，如有个别字简化得不完全恰当，也可建议修订。

教育部、中国文改会印发《通用汉字表》，并征求各省（区、市）教育厅（局）的意见。

文化部、中国文改会联合发出通知，规定在报刊书籍中，日本、朝鲜的人名、地名、书名等暂且不用简化字。

10 月

【10 日】国务院全体会议决定成立汉语拼音方案审订委员会。郭沫若任主任，张奚若、胡乔木任副主任，叶恭绰、叶圣陶、朱学范、沈雁冰、邵力子、陆定一、周建人、罗隆基、胡绳、马叙伦、许广平、陶孟和、黄绍竑、许德珩、舒舍予、钱俊瑞等任委员。

【17 日】汉语拼音方案审订委员会召开第一次会议。会议由郭沫若主持。会议讨论了审订委员会工作计划草案，推选胡愈之为秘书长。王力作了《关于修改〈汉语拼音方案（草案）〉的初步意见的说明》的报告。

【19 日】民族文字字母形式问题讨论会在贵阳举行。会议讨论拟订了以拉丁字母为基础的少数民族文字字母总表和藏缅、苗瑶、壮傣的字母总表。

【22 日】中国文改会召开第 36 次常务会议，讨论协助汉语拼音方案审订委员会组织关于拼音方案的座谈讨论问题。

【25 日】汉语拼音方案审订委员会举行第二次会议。会议由郭沫若主持。会议继续听取了中国文改会关于汉语拼音方案问题的说明，讨论通过了审订委员会召开分组座谈会的各组名单、召集人名单、外地投票人名单和投票办法。

【31 日】苗族语言文字问题科学讨论会在贵阳举行。会议通过了《苗族文字方案（草案）》。

11 月

【4 日】布依族语言文字问题科学讨论会在贵阳举行。会议通过了《布依族文字方案（草案）》。

【10 日】汉语拼音方案审订委员会举行第三次会议。中国文改会副主任胡愈之作了汇报。

【12 日】交通部印发《关于组织水运系统调度工作人员学习普通话的指示》。

【16 日】国家民委少数民族语文翻译局成立。机构设置有：办公室、藏文翻译处、维文翻译处、哈文翻译处、朝文翻译处、蒙文翻译处、彝文翻译处。其主要任务是：翻译党的全国代表大会、全国人民代表大会、中国人民政治协商会议等全国性会议上的文件，翻译和少数民族工作有关的政策法令，同时翻译经典著作和其他政治书籍。

【21 日】汉语拼音方案审订委员会召开第四次会议。会议通过了《汉语拼音方案修正草案》。

12 月

【10 日】中央人民广播电台增设维吾尔语广播。

【18 日】彝族语言文字科学讨论会在成都举行。会议通过了《凉山彝族拼音文字方案（草案）》。

【20 日】达斡尔语文工作会议在呼和浩特举行。会议通过了《达斡尔文字方案（草案）》。

【29 日】中国科学院少数民族语言研究所在北京成立。

【30 日】中国文改会召开第 38 次常务会议。会议决定，文字改革出版社从 1957 年 1 月起改为企业机构；关于简化字和异体字整理工作，根据国务院已公布的三批简化字和异体字表进行审订，制定出一个 500 字以上的简化字表和繁简字对照表，再请文化部公布实行。

1957年

1月

【本月】《汉语拼音方案草案讨论集》由文字改革出版社编辑出版，共四辑。

2月

【11日】黎族语言文字问题科学讨论会在广东省海南黎族苗族自治州（今属海南省）举行。会议通过了《黎文方案（草案）》。

【15日】教育部和中国科学院语言研究所联合举办第三期普通话语音研究班，156名学员参加学习。

【22日】中国文改会召开第五次全体会议。会议决定扩大汉语拼音方案委员会。会议推选胡乔木、吕叔湘、魏建功三位委员参加，并决定韦悫、王力、陆志韦三位委员为拼音方案委员会扩大会议的召集人。

3月

【16日】高等教育部、教育部印发《关于汉语方言普查的补充通知》，根据一年来各地汉语方言普查的工作情况提出意见。

云南少数民族语言文字科学讨论会在昆明举行。会议通过了哈尼族、傈僳族、景颇族、拉祜族、佧瓦族等少数民族的拼音文字方案草案。

【30日】中国文改会举行第六次全体会议。会议一致通过了拼音方案委员会提出的《汉语拼音方案修正草案（草稿）》，决定由拼音方案委员会扩大会议的召集人韦悫、王力、陆志韦对《汉语拼音方案修正草案（草稿）》进行文字上的整理。

5月

【6日】中国文改会召开第42次常务（扩大）会议。会议决定：1. 为贯彻执行

“百花齐放，百家争鸣”的方针，举办文字改革问题讲座或讲演会，召开文字改革工作座谈会，听取各方面的意见，文字改革刊物应多登载不同意见，整理人民来信，将有价值的建议、意见发表。2. 由韦悫、丁西林、王力、林汉达、陆志韦、吕叔湘、罗常培、黎锦熙、叶籁士、周有光、倪海曙等11人组成拼音化临时委员会。3. 叶恭绰委员提议由前汉字整理部委员丁西林、叶恭绰、邵力子、胡愈之、韦悫、赵平生、叶圣陶、林汉达、曹伯韩、黎锦熙、魏建功、傅东华等12人组成汉字整理临时委员会，丁西林为召集人。

【16日】中国文改会召开第一次文字改革问题座谈会，听取专家和著名人士对文字改革工作的意见。陈梦家、周亚卫、俞平伯、茅以升、马学良、胡庶华、唐兰、陶坤、翁文灏、高名凯、张德庆、曾世英、翦伯赞、钱文浩、萧璋等出席会议。代表围绕汉字要不要改革，对汉字拼音化、汉字简化和中国文改会工作的意见发表意见。20日、27日，分别召开第二次、第三次文字改革问题座谈会。

6月

【4日】中国文改会召开第45次常务（扩大）会议。会议对同音代替字及异体字作出决定，还集中讨论了大部首简化问题。

【25日】教育部、中国文改会在北京召开全国普通话推广工作汇报会。26个省（区、市）教育厅（局）的代表出席会议。会议讨论了推普工作的成绩和困难，明确提出了“大力提倡，重点推行，逐步普及”的推普方针，并就如何在学校和社会宣传推广普通话、开展方言调查等工作进行了讨论。

【27日】《光明日报》的《文字改革》双周刊开展“汉字要不要改革”的讨论。

7月

【本月】中国文改会第一研究室编写的《外国文字改革经验介绍》由文字改革出版社出版。

8月

【4日】周恩来总理在青岛民族工作座谈会上的讲话中指出，要帮助有语言而没

有文字的民族创造文字，希望各民族文字使用的符号能逐渐统一起来。

【15 日】《拼音》月刊改名为《文字改革》。改刊的目的在于扩大刊物的内容范围，容纳有关文字改革各项问题的研究和讨论，包括汉字的整理和简化以及推广普通话等问题。

【21 日】教育部印发《关于继续推广普通话的通知》。通知要求各地采取适当措施，在已有基础上继续坚持推广普通话，不要半途而废。

9 月

【2 日】教育部和中国科学院语言研究所联合举办第四期普通话语音研究班，136 学员参加学习。

10 月

【12 日】中国文改会举行会议，讨论《壮文方案（草案）》和少数民族文字方案中设计字母的几项原则，并向中央提出报告。11 月 29 日，国务院全体会议第 63 次会议，讨论通过了中国文改会《关于讨论壮文方案和少数民族文字方案中设计字母的几项原则的报告》，并作了批复：同意报告中关于壮文方案的意见，壮文方案可在壮族地区逐步推行，在推行过程中应随时总结经验，使方案更加完善；以后修订方案的时候，可由广西壮族自治区提出，报国家民委批准后实行；同意关于少数民族文字中设计字母的五项原则，今后少数民族设计文字方案的时候，都应该按照这些原则办理。

【16 日】中国文改会召开第七次全体会议。会议听取了韦悫关于《汉语拼音方案（修正草案）》修正经过的说明，一致同意将《汉语拼音方案（修正草案）》提交汉语拼音方案审订委员会讨论通过。同日，汉语拼音方案审定委员会举行第五次会议，讨论并通过了修正草案。

【22 日】中国文改会召开第 36 次常务会议，讨论协助汉语拼音方案审订委员会组织关于拼音方案的座谈讨论问题。

【25 日】政协全国常务委员会扩大会议同意《汉语拼音方案（修正草案）》。

普通话审音委员会在《中国语文》发表《普通话异读词审音表初稿》和《本国地名审音表初稿》。《普通话异读词审音表初稿（续）》在《中国语文》1959 年 7 月号发表。《普通话异读词审音表初稿第三编》在《文字改革》1962 年 12 月号发表。1963 年 2 月，三次审音表初稿辑录成《普通话异读词三次审音总表初稿》。1963 年 10 月，《普通话异读词三次审音总表初稿》由文字改革出版社出版。

11 月

【1 日】国务院全体会议第 60 次会议通过《关于公布汉语拼音方案草案的决议》。

12 月

【6 日】国务院全体会议第 64 次会议通过中国文改会《〈汉语拼音方案（草案）〉宣传工作计划要点》。

【9 日】中央推广普通话工作委员会召开第二次会议。会议由陈毅副总理主持。会议通过了 1958 年推广普通话工作计划和举办全国普通话教学成绩观摩会计划草案。

【28 日】教育部印发《关于宣传汉语拼音方案（草案）工作的通知》。

解放军总政治部宣传部通知全军宣传和试行《汉语拼音方案（草案）》。

1958年

1月

【10日】政协全国委员会举行报告会。周恩来总理作了《当前文字改革的任务》的重要报告。报告对文字改革的三大任务“简化汉字，推广普通话，制定和推行《汉语拼音方案》”进行了阐述。报告指出：汉字简化工作实际上是对历史上流行的简字的整理和规范；推广普通话是为了消除方言之间的隔阂，而不是为了禁止和消灭方言；《汉语拼音方案》是用来为汉字注音和推广普通话的，并不是用来代替汉字的拼音文字。关于汉字的前途问题，不属于当前文字改革任务的范围。胡乔木作了《关于〈汉语拼音方案（草案）〉的几点说明》的报告。

政协全国委员会派出六个宣传组，分别到华东（负责人胡愈之）、西北（负责人魏建功）、中南（负责人王力）、西南（负责人叶圣陶）、东北（负责人韦悫）、京津（负责人罗常培、吕叔湘）的15个大城市宣传《汉语拼音方案（草案）》。2月27日，中国文改会向全国政协秘书处报告了宣传组的工作情况。

【31日】毛泽东主席在《工作方法六十条（草案）》中指出：在少数民族地区工作的汉族干部，必须学当地民族的语言；少数民族的干部，也应当学习汉语。

2月

【3日】中国文改会主任吴玉章在第一届全国人民代表大会第五次会议上作了《关于当前文字改革工作和汉语拼音方案的报告》。报告对当前文字改革的任务和几年来的文字改革工作、《汉语拼音方案（草案）》的制定经过和它的用处作了介绍，指出《汉语拼音方案》是300多年来拼音字母运动的结晶，也是60年来中国人民创造拼音方案的经验总结。它的推行对于帮助识字、扫除文盲、统一读音、推广普通话都将起到巨大的推进作用。

【11日】第一届全国人民代表大会第五次会议通过《全国人民代表大会关于汉语拼音方案的决议》。会议讨论了周恩来总理提出的关于《汉语拼音方案（草案）》的议案和中国文改会主任吴玉章《关于当前文字改革工作和汉语拼音方案的报告》。会议批准《汉语拼音方案（草案）》，原则同意吴玉章的报告，认为应该继续简化汉字，积极推广普通话；《汉语拼音方案》作为帮助学习汉字和推广普通话的工具，应该首先在师范、中、小学校进行教学，积累教学经验，同时在出版等方面逐步推行，并且在实践过程中继续求得方案的进一步完善。

【22日】《中国语文》2月号发表社论《大家来推行汉语拼音方案》。

【本月】周恩来总理的报告《当前文字改革的任务》由人民出版社出版单行本。

3月

【10日】教育部和中国科学院语言研究所联合举办第五期普通话语音研究班，119名学员参加学习。

【13日】教育部印发《关于在中小学和各级师范学校教学拼音字母的通知》。

【18日】国务院副总理陈毅审阅同意中央推广普通话工作委员会《1958年推广普通话工作计划纲要（修正稿）》和《关于举办全国普通话教学成绩观摩会的通知》。

【27日】中国科学院和国家民委联合召开第二次少数民族语文科学讨论会。会议听取了《两年来少数民族语文工作的成就和今后工作的意见》报告，确定了帮助少数民族创制文字的原则。

4月

【10日】教育部印发《关于在盲童学校和聋哑学校教学拼音字母的通知》。

【22日】铁道部电务局在北京召开现场会议，专题讨论研究在铁路系统中如何推行汉语拼音电报的问题。

【29日】中国文改会、文化部联合发布通知，从5月10日起推行第三批70个简化字。

5月

【5日】刘少奇在中国共产党第八次全国代表大会第二次会议上作中央委员会工

作报告，号召积极地进行汉字的改革。

【本月】中国文改会主任吴玉章，副主任韦悫、胡愈之到河北视察，建议河北试用汉语拼音字母帮助扫盲，巩固扫盲成果，提高群众文化水平。

6月

【25 日】教育部、中国文改会联合召开全国普通话推广工作汇报会议。

7月

【25 日】中央推广普通话工作委员会和教育部在北京联合举办第一次全国普通话教学成绩观摩会。25 个省（区、市）选拔出来的在教学和推广普通话工作中有优秀成绩的教师、学生和教育行政工作者共 141 人。中央推广普通话工作委员会副主任、中国文改会主任吴玉章致开幕词。教育部副部长韦悫和中央推广普通话工作委员会副主任舒舍予在会上号召代表们回去以后要更加努力做推广普通话的促进派和积极分子，以进一步促进汉语的统一。观摩会于 7 月 31 日闭幕。8 月 4 日，周恩来总理、陈毅副总理接见观摩会代表并合影留念。

【29 日】中国聋哑人福利会成立聋人手语改革委员会，确定制定手指字母方案和手势语规范化方案，指导全国推行手指字母方案和手势语规范化方案的任务。聋人教育工作者、语言学家洪雪立、周有光、顾朴、陆志韦、李掬等 19 人任委员。

8月

【11 日】国家民委少数民族语文翻译局与民族出版社合并，撤销少数民族语文翻译局机构，人员、编制、任务归入出版社进行调整。

【18 日】侗族语言文字问题科学讨论会在贵阳举行。

【25 日】《人民日报》发表文章《是奇迹，也是宝贵经验》，肯定福建省大田县积极推广普通话所取得的成绩。

9月

【1 日】教育部和中国科学院语言研究所联合举办第六期普通话语音研究班，

195 名学员参加学习。

【15 日】中国文改会第一研究室在《文字改革》杂志第 10 期发表《全世界国家名称拼写法（初稿）》（外国地名拼写法之一）。1964 年 10 月发表修正稿，改名为《外国国家名称拼写法》。

【30 日】中央工商行政管理局、中国文改会印发《关于在商标图样和商品包装上加注汉语拼音字母的联合通知》。

10 月

【1 日】邮电部制订《开办国内汉语拼音电报办法（暂行）》。

中国文改会、首都历史与建设博物馆筹备处联合举办的文字改革展览会在北京北海公园开幕。周恩来总理为展览会题写会标。

【12 日】中国文改会、中国人民大学新闻系合办的《汉语拼音报》创刊。

【17 日】中国文改会向部分省、市、县印发《更改一部分生僻地名字的建议》。建议更改的地名一共有 81 个。

【20 日】《光明日报》的《文字改革》双周刊暂时停刊。

11 月

【15 日】中国文改会第一研究室在《文字改革》杂志第 14 期发表《各国首都名称拼写法（初稿）》（外国地名拼写法之二）。

12 月

【3 日】文化部、中国文改会印发《关于在连环图画、儿童读物、扫盲读物以及各种通俗书刊上尽可能加注汉语拼音字母的通知》。

【13 日】教育部印发《关于介绍山东、河北两省拼音字母扫盲试点经验的通知》。

【30 日】中国文改会第一研究室在《文字改革》杂志第 17 期发表《苏联各加盟共和国及其首都名称拼写法（初稿）》（外国地名拼写法之三）。

中国文改会词汇小组编的《汉语拼音词汇（初稿）》由文字改革出版社出版，收词 20100 多条。1964 年出版增订稿，收词、词组和成语 59100 多条。1991 年由语文出版社出版“1989 年重编本”，收词、词组和成语 60400 多条。

【本年】邮电部编制了《汉语拼音电信局名簿》和《汉语拼音通报用字》。

本年起，中国邮电局名、铁路站名、气象站名、部分大城市的街道名称先后开始用汉语拼音字母拼写；地图集、地名手册、沿海海图也按照《汉语拼音方案》拼写地名；书刊报纸的名称加注汉语拼音；对外汉语教学开始使用汉语拼音教学汉语。

海军相关部门按照国际通用的手旗讯号，用汉语拼音进行试验，并举办了训练班。

1959年

1月

【13日】中国科学院少数民族语言研究所南方各工作队工作座谈会在南宁举行。湖南、广东、广西、四川、云南、贵州等地语文机构代表出席会议。会议总结了1958年第二次民族语文科学讨论会后各工作队贯彻民族语文工作的方针、任务和计划执行情况，讨论了1959年计划，并就地方语文机构的分工合作问题进行了商讨。

【本月】中国文改会会同教育部组成工作组，到广东省的广州、新会、佛山、中山、汕头、惠阳、普宁、揭阳、潮安和福建省的漳州、厦门、泉州、大田、福州等地了解推广普通话和推行《汉语拼音方案》的情况。

2月

【24日】内务部、教育部印发《关于试行聋人汉语手指字母方案的联合通知》，同时发布中国聋哑人福利会聋人手语改革委员会制订的《汉语手指字母方案（草案）》。

3月

【9日】教育部和中国科学院语言研究所联合举办第七期普通话语音研究班，265名学员参加学习。

5月

【3日】中国文改会领导班子进行改组，撤销常务委员会。

【19日】中国文改会和北京电视台合办“汉语拼音电视教学讲座”。

【24日】中共中央、国务院印发《关于在农村中继续扫除文盲和巩固发展业余

教育的通知》。通知要求，在全国普通话地区，试用汉语拼音给汉字注音的办法帮助扫除文盲。

6月

【25 日】中国文改会在北京召开关于注音扫盲问题汇报会。河南、河北、山东、辽宁、吉林、黑龙江等六省汇报了在群众和儿童中教学拼音字母和注音读物供应的情况以及存在的问题。

【29 日】文化部、中国文改会联合发出通知，要求自 7 月 15 日起，在北京市各报纸、杂志、一般书籍上（古籍等例外）开始采用第四批简化字 92 个。

【本月】文字改革出版社开始编辑出版《注音扫盲基本用书》。先后共出版 22 种，发行 1600 多万册。

7月

【15 日】第四批 92 个简化字开始正式推行。至此，只剩下 28 个字尚未推行。中国文改会发言人发表谈话，对第四批推行的简化字表作了说明：《汉字简化方案》中的简化偏旁，在手写、油印、胶印上通用已久，在铅印的出版物上，将根据字模刻制情况陆续推行，不再分批公布。

【16 日】全国少数民族地区广播电台首次协作会议在呼和浩特举行。会议交流了以民族语言进行广播宣传、培养少数民族广播干部和发展广播事业的经验，讨论确定了以后的任务。

【21 日】教育部印发《关于各类盲人教育使用盲字的通知》。通知提出，盲字应当和汉语拼音方案取得一致，这是盲字改革的方向。通知规定，所有成年盲人识字教育、盲人业余补习教育、盲童学校教学使用新盲字进行教学；盲童学校附设的幼儿班可以结合游戏教六岁以上的盲童摸认一些新盲字。

【27 日】内务部、教育部印发《试行规范化的聋人手语的联合通知》。通知提出，中国聋哑人福利会手语改革委员会编制的《聋人手语草图》可以先在聋人业余学校、扫盲班（组）、聋校学生课外语言交往中试用。

【本月】海军规定了“汉语拼音通信文字”，开始在海军各部队使用。

8月

【10日】中国文改会、教育部、共青团中央在上海召开第二次全国普通话教学成绩观摩会。来自27个省（区、市）的184名代表参加会议。吴玉章出席会议并在闭幕式上讲话。观摩会于21日结束。

【25日】国务院任命胡愈之、韦悫、丁西林、叶籁士为中国文改会副主任。

9月

【1日】教育部、中国文改会和中国科学院语言研究所联合举办第八期普通话语音研究班。245名学员参加学习。

【本月】教育部、中国科学院语言研究所共同组织的全国汉语方言初步普查工作基本完成。方言普查工作自1956年开始，在全国2000个调查点中调查了1822个点，并写出方言调查报告1195种、学习普通话手册307种。

10月

【1日】全国铁路机车车辆上原来的注音字母标记一律改用汉语拼音字母。

【本月】地名译音委员会在《文字改革》杂志第19期发表《地名翻译原则草案四种》：第一种是《用汉字翻译外国地名的一般原则（草案）》，第二种是《用汉语拼音字母翻译外国地名的一般原则（草案）》，第三种是《用汉语拼音字母音译国内少数民族地区地名的一般原则（草案）》，第四种是《汉语惯用的东南亚地名处理办法（草案）》。

11月

【3日】中国文改会开办拼音字母学习班，帮助北京各报刊编辑人员进行难字注音工作。26个报刊和出版社的编辑人员参加学习。

【9日】解放军军委总政治部召开全军第二次文化教育工作会议。会议对推行《汉语拼音方案》和推广普通话工作提出了具体措施。中国文改会副主任叶籁士在

会上介绍了文字改革工作的任务和情况。

【本年】文化部召开革新铅印字体座谈会。会议决定，委托中国文改会、中国科学院语言研究所、教育部安排专人成立汉字字形整理组，对通用汉字的字形加以整理。

1960年

1月

【7日】教育部、内务部印发《关于试行聋人手语草图第二辑的联合通知》。

2月

【10日】国家民委致函新疆维吾尔自治区人民委员会，同意将以《汉语拼音方案》为基础的维吾尔、哈萨克新文字方案作为试行方案推行。

3月

【7日】教育部、中国文改会和中国科学院语言研究所联合举办第九期普通话语音研究班，306名学员参加学习。

4月

【22日】中共中央印发《关于推广注音识字的指示》。指示要求，应当在全国迅速推广山西省万荣县注音识字的经验，在学生、教师和青年工人、农民、店员、职员、部队官兵中大力推广普通话；为加速扫盲和减轻儿童学习负担，现有的汉字还必须再简化一批，逐渐淘汰难写难认难记、容易写错认错记错的字。

5月

【6日】教育部、共青团中央、中央广播事业局、中国文改会印发《关于举办全国十省一市少年儿童普通话朗读比赛的联合通知》。这十省一市是：山西、辽宁、陕西、甘肃、江苏、浙江、福建、湖北、广东、四川等十个省和上海市。

【11日】《人民日报》发表社论《大力推广注音识字，争取提前扫除文盲》。《工

人日报》《中国青年报》也就注音识字、扫除文盲发表社论。

【14 日】国务院业余教育委员会、教育部、中华全国总工会、共青团中央发出《关于在业余初等学校推广注音识字的联合通知》。

6 月

【4 日】解放军总政治部印发《关于在全军中学习拼音字母和推广普通话的指示》。

教育部、文化部、中国文改会向各省（区、市）教育厅（局）、文化（出版）局印发《关于征集新简化字的通知》。通知提出了选用简化字的原则意见；通知还指出，为减轻儿童和成人的学习负担，地名用的生僻字（包括少数民族和少数民族地名的译音汉字）应一并加以简化。

【5 日】中国文改会在北京举办十省（市）注音识字展览会。陈毅、林枫、习仲勋、吴玉章等参观了展览会。

7 月

【6 日】教育部、全国妇联印发《关于在幼儿园教学汉语拼音、汉字和算术的通知》。

【28 日】《光明日报》的《文字改革》双周刊恢复出版。

【本月】中国文改会主办的《文字改革》杂志暂时停刊。11 月 20 日复刊，由半月刊改为月刊。

8 月

【1 日】中国文改会、教育部、共青团中央在青岛召开第三次全国普通话教学成绩观摩会。来自 27 个省（区、市）的 321 名代表参加会议。中国文改会主任吴玉章出席会议并讲话。

【6 日】教育部、内务部印发《部分地区和学校实验汉语拼音（双拼）盲字方案的通知》。

【24 日】教育部、共青团中央、中央广播事业局、中国文改会联合举办山西、辽

宁、陕西、上海等十省一市少年儿童普通话朗读比赛。

10月

【19日】内务部、教育部、中国文改会批转中国盲人聋哑人协会《关于修订聋哑人通用手语工作方案的通知》。

11月

【2日】内务部、教育部、中国文改会印发《关于试行聋哑人通用手语草图第三辑的通知》。

【11日】《解放军报》发表《毛主席看望炮兵战士》。文中写道，毛泽东主席看到新战士学习的汉语拼音课本，就把书要过去，一页一页地翻看，笑着向大家说："这种拼音字很好，你们好好学习吧。"

【本年】中国人民大学成立语言文字研究所，以加强文字改革的理论研究，培养文字改革工作干部。吴玉章兼任所长。1962年改名为文字改革研究所。1978年又恢复原名。

中国人民银行重印一种人民币，背面的行名和币值采用汉语拼音字母。

1961年

3月

【7日】党中央批准，吴玉章任中国文改会党组书记，叶籁士任党组副书记。

5月

【9日】中央人民广播电台和中国文改会联合举办小学语文课本朗读教学广播讲座。9月8日，再次举办讲座。

7月

【22日】国务院印发《关于调整现有十八个临时性工作机构的通知》。通知决定将汉字简化方案审订委员会和中央推广普通话工作委员会合并到中国文改会，相关工作由中国文改会管理，汉语拼音方案审订委员会撤销。

10月

【20日】教育部、中国文改会、中国科学院语言研究所印发《关于撤销普通话语音研究班的机构的联合通知》。通知指出，撤销机构但仍保留名义，以备二三年后有条件时考虑再办。

【本月】中国文改会精简机构，保留文字改革出版社的名义，印刷任务交商务印书馆。

11月

【1日】《人民日报》开始用汉语拼音给难字注音。

《光明日报》的《文字改革》双周刊刊登“难字注音”笔谈。

【本月】文化部、教育部、中国文改会、中国科学院语言研究所联合成立汉字查字法整理工作组。成员有文化部胡愈之、教育部叶圣陶、中国文改会丁西林、中国科学院语言研究所丁声树。工作组邀请各有关方面的专家成立研究小组，进行各类查字法的研究和整理。工作组商定了选择查字法方案的方针。工作组推荐给文化、教育和出版界试用的四种草案是：《拼音字母查字法》《部首查字法》《四角号码查字法》和《笔形查字法》。

【本年】中国文改会根据国务院公布的《汉字简化方案》，就六年来分批推行及修订补充的简化字进行了一次总结，编成《简化汉字总表》总表，收录简化字 532 个、偏旁简化字 1382 个，共计 1914 个字。

从 1961 年第 11 期起，《文字改革》杂志发表和转载有关难字注音的文章，第 12 期刊登“笔谈难字注音选辑”。

1962年

1月

【1日】中国科学院少数民族语言研究所和民族研究所合并，定名为民族研究所，设少数民族语言研究室。

3月

【6日】中央人民广播电台、中国文改会联合举办中学、小学、师范学校语文朗读教学广播讲座，以帮助中小学语文教师用普通话教学。

4月

【本月】中国文改会、文化部、教育部向全国各省（区、市）文化、教育厅（局）发布《简化汉字总表》。

5月

【20日】周恩来总理向中国文改会负责同志当面指示，应当邀请各方面人士重新讨论简化字，虚心接纳不同意见或反对意见，即使国务院早已公布的简化字，如大家有意见，也可以考虑重新修改。22日，根据周恩来总理指示，中国文改会向总理报告《简化汉字总表》制订经过以及重新讨论总表的计划。

6月

【13日】中国文改会副主任胡愈之向习仲勋副总理书面报告关于重新组织讨论《简化汉字总表》的计划，请示将组织讨论的时间推迟到中国文改会机构调整以后。6月14日，习仲勋副总理批示同意。

《光明日报》的《文字改革》双周刊开展“科技文献里的外国人名要不要翻译成汉字”的讨论。

【15 日】中国文改会商同文化部、教育部向全国各省（区、市）文化、教育厅（局）发文说明《简化汉字总表》尚须重新讨论修改，暂时不要转发，也不要登报。

7 月

【本月】中央人民广播电台和中国文改会联合举办汉语拼音广播教学讲座，以配合报刊上的难字注音。

中国文改会主办的《汉语拼音报》停刊。

9 月

【6 日】中国文改会举行第八次全体委员会议，讨论汉字简化问题。会议指出，根据周恩来总理的指示，《汉字简化方案》要在广泛征求群众意见的基础上，对原方案进行总结修订。会议作出决议：召开座谈会，征求对《汉字简化方案》的意见；成立总结修订小组，由丁西林主持，叶圣陶、吕叔湘、林汉达、黎锦熙、魏建功、赵平生六位委员组成。此后，有关部门和地方多次召开了座谈会征求意见。

10 月

【17 日】中国文改会组成修订简化汉字七人小组，根据各方面的意见，研究修订《汉字简化方案》。该小组由丁西林、叶圣陶、黎锦熙、赵平生、魏建功、吕叔湘、叶籁士组成，丁西林任组长。当日该小组举行第一次会议，19 日举行第二次会议，22 日举行第三次会议，25 日举行第四次会议，继续研究修订《汉字简化方案》。

【31 日】《光明日报》的《文字改革》双周刊开展“文言能不能用简化汉字”的讨论。

11 月

【7 日】中国文改会修订简化汉字七人小组举行第五次会议，提出《对〈汉字简化方案〉的修改意见（初稿）》。

【9 日】中国文改会副主任叶籁士向周恩来总理书面报告简化汉字的讨论、修订情况及今后计划。10 日周总理批示同意。

【12 日】中国文改会修订简化汉字七人小组举行第六次会议，继续研究修订《汉字简化方案》。胡乔木出席会议。

【16 日】中国文改会通过全国政协发出 300 份《对〈汉字简化方案〉的修改意见》，书面征求意见。

【30 日】中国文改会副主任叶籁士通过教育部有关负责同志向中宣部报告简化汉字的讨论情况及各方面提出的意见和建议。

1963年

2月

【9日】中国文改会以叶籁士的名义向周恩来总理呈报《关于汉字简化方案修订工作的报告》。报告汇报了修订工作的三条原则：1. 对原方案尽量少作改动；2. 对于哪些简化字可作偏旁类推，哪些不能类推，作出明确规定，以防止混乱；3. 不增加新简字。24日，周恩来总理批复原则同意，要求提交中国文改会全体会议讨论通过。

【22日】《中国语文》第1期发表普通话审音委员会的《普通话异读词三次审音总表初稿》。

3月

【5日】国家民委和中国科学院哲学社会科学部在北京召开云南、贵州、四川三省民族语文工作座谈会，广西壮族自治区代表列席会议。

【8日】中国文改会召开全体委员会议，讨论修订简化汉字问题。吴玉章、胡愈之、丁西林、韦悫、叶籁士、赵平生、朱学范、林汉达、魏建功、叶圣陶、陆志韦、吕叔湘、王力、聂绀弩等出席会议。修订简化汉字七人小组汇报了工作。

【31日】中国文改会再次以叶籁士的名义向周恩来总理报告有关修订简化汉字的工作情况。随报告送审的文件有《简化汉字修订方案（草案）》《关于修订简化汉字的报告（草稿）》。

【本月】精简后的中国文改会机构设置有：办公室、研究室、编辑室、推广处。

5月

【12日】中央推广普通话工作委员会、教育部、中国文改会印发《关于转发〈1963

年上海市推广普通话工作纲要〉联合通知》。通知要求，继续贯彻推广普通话的方针，各地教育行政部门要加强普通话师资培训，社会推广工作应以商业、交通、铁路和服务性行业中的营业员和服务员为主要对象有重点地进行，方言地区尤其应该加强。

【本月】邮电部组织北京、上海等六个城市的邮局对平信封面上不合规定的简笔字进行调查。

8月

【1日】中国文改会在北京召开部分省、市推广普通话工作汇报会议。会议交流了近几年来推广普通话、教学汉语拼音的情况和存在的问题，研讨了推广普通话的意义，如何加强推普工作的组织领导和师资培训、拼音教学等问题，并研究怎样使汉语拼音在语文教学中充分发挥作用。广东、福建、广州、西安等省、市教育厅（局）负责推广普通话工作的干部出席会议。叶籁士出席会议并讲话。

10月

【23日】国务院向国家民委并教育部、高等教育部、文化部、中国科学院、中国文改会、新疆维吾尔自治区人民委员会发出文件。文件指出，国务院同意国家民委《转报维吾尔、哈萨克两个新文字方案的报告》。维吾尔、哈萨克两个新文字方案，可由新疆维吾尔自治区人民委员会公布推行。在推行过程中，应该随时总结经验，使文字方案更加完善。以后这两个文字方案如果需要修订，可由新疆维吾尔自治区提出，直接报国家民委批准。

【28日】中国文改会就是否可先行批准简化汉字修订方案中“可以类推简化的字”向周恩来总理请示报告。

【本月】普通话审音委员会编的《普通话异读词三次审音总表初稿》由文字改革出版社出版。

11月

【24日】在全国人民代表大会和全国政协开会期间，中国文改会召开关于文字改革问题座谈会。座谈会由吴玉章、胡愈之主持。陈望道、车向忱、吴贻芳、张秀熟、

李辉、王越、陈鹤琴、杭苇、竺可桢、叶圣陶、傅懋勣、曾世英、陈文彬、袁翰青、黎锦熙等出席会议。会议交流了中国文改会的文字工作简况和部分省市的文字改革工作情况。

【本月】在第二届全国人民代表大会第四次会议上，全国人大代表丁西林、叶圣陶、车向忱、陈望道、吴贻芳、林汉达、竺可桢、周建人、胡愈之、曾世英、黎锦熙等作了《继续促进文字改革工作》的联合发言，对简化汉字和推广普通话的成绩给予肯定。

12月

【29日】内务部、教育部、中国文改会公布施行《汉语手指字母方案》。方案要求聋校、聋人业余文化学校一律按公布的方案进行手指字母教学。

1964 年

1 月

【7 日】中国文改会向国务院呈报《关于简化字问题的请示》，拟请国务院批准类推简化的原则。2 月 4 日，国务院批示同意中国文改会在报告中提出的意见。

2 月

【4 日】中国文改会向有关单位印发《关于汉语拼音方案在各方面应用情况的报告》。报告列举了拼音方案在给汉字注音、帮助少数民族创造和改革文字、帮助外国人学习汉语、增加电报速度等方面的应用情况。

3 月

【7 日】中国文改会、文化部、教育部印发《关于简化字的联合通知》。通知规定：1. 92 个已简化汉字作偏旁时应该同样简化。2. 40 个已经简化的偏旁，独立成字时应该同样简化。3. 在一般通用字范围内，根据上述 1、2 两项规定类推出来的简化字，将收入中国文改会编印的《简化字总表》中。

【25 日】中国文改会召开部分省区普通话工作汇报会。来自云南、四川、贵州、江西、湖南、广西等省区的代表出席会议。

5 月

【15 日】解放军总政治部印发《总政治部转发关于在士兵中扫除文盲和推广普通话的两个文件》。文件指出，在士兵中扫除文盲和推广普通话，对于我军的军事和政治建设有重要意义；士兵退役以后，在工农业战线的各项建设中也能发挥更好的作用。文件重申了解放军总政治部 1960 年 6 月 4 日发布的关于在全军中学习拼音

字母和推广普通话的指示。

【本月】中国文改会根据李富春副总理批准的简化偏旁使用范围，编成《简化字总表》，作为当前使用简化字的规范。根据总表，在比较常用的六七千个汉字中，有 2238 个字得到了简化。

中国文改会字形整理组拟出《印刷通用汉字字形表》，收印刷通用汉字 6196 个，并给每个汉字规定了笔画数、结构和笔顺。

中国文改会编制的《简化字总表》由文字改革出版社出版。

8月

【17 日】中央推广普通话工作委员会、中国文改会、教育部、共青团中央在西安市召开第四次普通话教学成绩观摩会。来自 27 个省（区、市）的 199 名代表出席会议。中央推广普通话工作委员会副主任、中国文改会主任吴玉章、教育部副部长叶圣陶、共青团陕西省委副书记延焕梧在会上讲话。观摩会于 25 日闭幕。

【21 日】第一次全国少数民族地区电影宣传工作现场会议在吉林省延吉市举行。会议介绍和推广延边朝鲜族聚居地区的 41 个电影放映单位用朝鲜语为汉语影片配音的经验，并观摩了朝鲜语配音解说的表演。

【23 日】中国文改会、轻工业部、商业部印发《关于统一中文打字机轻钢字字形的联合通知》。

9月

【7 日】《光明日报》的《文字改革》双周刊开辟“关于统一偏旁部首名称问题的讨论”专栏。

【12 日】中国文改会、中央广播事业局印发《关于举办 1964 年上学期小学语文朗读教学广播讲座的联合通知》。

10月

【8 日】文化部向全国出版社、杂志社发出通知，规定在今后出版的图书、杂志

中使用国务院批准改换的地名；除翻印古籍和有其他特殊原因的以外，在一般新出版的书籍中，原来的生僻地名字应停止使用。

【23 日】国务院同意国家民委《转报维吾尔、哈萨克两个新文字方案的报告》。批复指出，维吾尔、哈萨克两个新文字方案，可由新疆维吾尔自治区人民委员会公布推行；在推行过程中，应随时总结经验，使文字方案更加完善。

【本月】中国文改会与中央人民广播电台联合举办小学语文朗读教学广播讲座，以帮助各地小学语文教师提高语文教学质量，加强朗读指导。

11 月

【16 日】国务院印发《关于更改山脉、河流、湖泊、海湾、海峡、岛屿等的名称报批权限的通知》。

1965年

1月

【30日】文化部、中国文改会印发《关于统一汉字铅字字形的联合通知》，使汉字印刷体的字形趋于统一，笔画结构力求与手写楷书一致，减少初学者阅读和书写的困难。

3月

【本月】中国文改会与广播事业局联合举办小学语文朗读教学广播讲座。

5月

【12日】国家测绘总局、中国文改会在《文字改革》杂志发表《少数民族语地名的汉语拼音字母音译转写法（草案）》。

6月

【12日】人名地名译写统一委员会召开第一次会议。张际春、胡愈之、韩念龙、罗俊、朱穆之、叶籁士、朱学范、吕叔湘、张仲实、张国器、张恩俊、李廷赞、萨空了、曾世英、傅懋勣、竺可桢等参加会议。会议决定成立工作组，指定叶籁士、吕叔湘、傅懋勣、曾世英为工作组召集人。委员会的办公室设在中国文改会。

【本月】中国文改会和中央人民广播电台联合举办汉语拼音教学广播讲座。讲座至12月结束。

10 月

【13 日】国务院文化教育办公室印发《关于试行几种汉字查字法的意见》。

【25 日】中央推广普通话工作委员会、中国文改会和商业部在上海联合召开方言区城市推广普通话工作座谈会。上海、广东、广西、江西、江苏、安徽、浙江、湖南、福建等省（区、市）商业、教育系统的 39 名代表出席会议。

【30 日】汉字查字法整理工作组在中国文改会召开关于查字法问题会议。文化部胡愈之、段太林，教育部任莲溪、齐泳冬，中国科学院语言研究所丁声树，中国文改会丁西林、赵平生，商务印书馆吴泽炎出席会议。会议决定，部首查字法和笔形查字法两种新查字法草案先在北京市若干小学三、四年级学生中小范围试用；也可将范围酌量扩大，在初中及农村小学加以试用。

11 月

【12 日】《文字改革》杂志发表短评《需要给偏旁部件规定统一的通俗名称》。

12 月

【12 日】《手旗部位、灯光符号挂图》在《文字改革》杂志发表。

1966年

2月

【25日】中国文改会编印的《文字改革工作通讯》改名为《文改简报》，性质仍为供领导阅读的内部刊物。

3月

【12日】《文字改革》杂志开始连载《〈印刷通用汉字字形表〉音序检字》。

6月

【28日】《人民日报》报头去掉从1958年起加注的汉语拼音。随后，《解放军报》《光明日报》《北京日报》等也相继取消了报头注音。

7月

【本月】《文字改革》杂志停刊。

8月

【4日】《光明日报》的《文字改革》双周刊停刊。

【本年】中国文改会机构调整为：办公室、编辑室、推广处。

1969年

9月

【26日】《人民日报》报道，我国第一台电子式中文电报快速收报机试制成功，揭开了用计算机技术处理汉字信息的序幕。

1970 年

【本年】经周恩来总理批示同意，国务院、中央军委转发解放军总参谋部《关于使用新报务制度的报告》。报告决定，将我国军队和地方通信中使用的报务制度进行改革，改革项目包括将难学难记的英文代字式的通报用语，改为好学好用的汉语拼音式通报用语。

1971年

8月

【本月】根据周恩来总理指示，从宁夏干校抽调六七个人回北京，重建文字改革机构，机构设在中国科学院。

【本年】周恩来总理在外交部的一个文件上批示，同意用汉语拼音编印中国地图，以适应国内外需要。

1972年

3月

【12日】中国科学院下设文字改革办公室，叶籁士为负责人。

1973年

4月

【本月】中国科学院文字改革办公室划归国务院科教组。

5月

【10日】经毛泽东主席批示同意，《光明日报》的《文字改革》双周刊复刊。

7月

【17日】国务院科教组提出对文字改革工作机构名称问题的建议。经周恩来总理同意，恢复“中国文字改革委员会”名称，归国务院科教组管。

10月

【29日】中国文改会在郑州召开汉语拼音基本式教学座谈会。交流半年来北京、上海、河南、黑龙江省拜泉县四个汉语拼音基本式教学试点的经验。北京、上海、河南、黑龙江、浙江五个省市的代表参加。汉语拼音基本式教学法由中国文改会提出，自1973年春季在上述省市试验，到1978年止，全国有20多个省（区、市）在不同范围内试验。

12月

【6日】中国文改会召开座谈会，讨论改用汉语拼音作为我国人名、地名罗马字母拼写法统一规范问题。外交部、国家测绘总局、解放军总参谋部测绘局、国家民委、新华社、邮电部、中央广播事业局、外文出版局、出版事业管理局、地理研究所等单位的代表出席座谈会。与会代表一致要求尽快改用汉语拼音，以消除我国人名、

地名罗马字母拼写法方面长期存在的混乱现象。

【18日】第28届联合国大会通过第3189号决议，决定将中文列为大会工作语文，并表示大会认为宜将中文列为安理会工作语文。

【20日】中国文改会举行推广普通话工作座谈会，邀请出席上海市中小学普通话教学经验交流及成绩观摩会的上海、江苏、浙江、福建、广东、广西、江西、湖南、安徽、山西等十个省（区、市）的代表参加。

1974 年

1 月

【17 日】联合国安理会通过第 345 号决议，决定将中文列为安理会工作语文，并对安理会暂行议事规则有关条款加以修正。

3 月

【15 日】中国文改会和中央人民广播电台联合举办汉语拼音教学广播讲座。讲座于 4 月 3 日结束。应听众要求，部分省（市、区）的广播电台先后重播。

5 月

【本月】中国文改会发布《中国人名汉语拼音字母拼写法》。拼写法分汉语姓名和少数民族语姓名两类。

6 月

【本月】汉语拼音版《中华人民共和国地图》由地图出版社出版。书中附汉字—汉语拼音—英文地名对照索引。

8 月

【9 日】第四机械工业部、第一机械工业部、中国科学院、国家出版局和新华社联名向国家计委提出《关于研制汉字信息处理系统工程的请示报告》。同年 9 月，国家计委发文批准，由第四机械工业部组织领导，开始对汉字频度进行统计研究。1977 年 10 月，印出《汉字频度表》，实收 6335 字。1988 年 4 月，《汉字频度统计——速成识读优选表》出版。

1975年

3月

【本月】中国第一次派专家组出席在纽约联合国总部举行的联合国地名国际标准化会议第六次地名专家组会议。我国代表在会上介绍了我国地名标准化情况、用汉语拼音字母拼写我国地名的问题。会议一致同意采用《汉语拼音方案》作为中国地名罗马字母拼写法的国际标准，拟提出提案，以便在联合国第三届地名标准化会议上讨论通过。

5月

【本月】中国文改会拟出《第二次汉字简化方案（草案）》，报请国务院审阅。9月15日，国务院办公室传达了周恩来总理对该草案及文字改革工作的意见。

9月

【30日】国务院直属机构进行调整，中国文字改革委员会仍为国务院直属机构，由教育部代管。

1976年

6月

【本月】由国家测绘总局和中国文改会修订后的《少数民族语地名汉语拼音字母音译转写法》出版。

9月

【本月】中国文改会发表修订后的《中国人名汉语拼音字母拼写法》。

【本年】北京大学计算机科研所开始计算机—激光汉字编辑排版系统的研制工作。

1977年

1月

【1日】《人民日报》报头、《红旗》杂志封面恢复汉语拼音注音。随后，全国各大报刊报头也陆续恢复汉语拼音注音。

2月

【本月】汉语拼音版《中华人民共和国分省地图集》由地图出版社编制、出版。

5月

【20日】中国文改会将《关于〈第二次汉字简化方案（草案）〉的请示报告》送国务院审批。报告提出，拟定草案着重考虑以下三方面的问题：1. 主要选用的是群众中流行的简化字；同时根据群众简化汉字的规律，适当拟制一些新简化字。2. 从有利于目前的应用出发，着重简化比较常用的汉字。3. 在简化汉字形体的同时精简汉字的数量。10月31日，国务院批转报告，要求在试用中对草案征求意见。

7月

【20日】中国文改会、国家标准计量局发布《关于部分计量单位名称统一用字的通知》，淘汰了一部分不合理的计量单位名称用字。

【23日】国务院同意国家测绘总局、公安部、外交部、中国文改会、新华社《关于成立中国地名委员会的请示》。

【本月】中国文改会主办的《汉语拼音报》复刊，改名为《汉语拼音》。

9 月

【5 日】中国文改会编的《文字改革通讯》第 1 期试刊出版。1978 年 1 月 12 日正式出刊，至 1979 年底停刊，共出版 19 期。

【7 日】在希腊首都雅典举行的联合国第三届地名标准化会议通过了我国提出的关于采用汉语拼音方案作为中国地名罗马字母拼写法的国际标准的提案。

10 月

【31 日】国务院发文批转中国文改会关于《第二次汉字简化方案（草案）》的请示报告。

11 月

【2 日】商业部就手表上的商标使用汉语拼音字母问题复信上海市工商行政管理局，并抄送各省（区、市）工商行政管理局、商业局。文件指出，商标和包装上使用汉语拼音的同时，必须有相应的汉字，并注意使用国务院公布的简化字。

【7 日】国务院批复同意成立内蒙古、黑龙江、吉林、辽宁、甘肃、宁夏、新疆、青海八省区蒙古语文工作协作小组，作为指导八省区蒙古语文工作的机构。日常工作由协作小组办公室负责。

【25 日】教育部、中国文改会在北京联合召开座谈会，就全国讨论《第二次汉字简化方案（草案）》的工作进行了研究安排。全国各省（区、市）、解放军总政治部和中央、国务院有关部门代表参加。

12 月

【1 日】中国文改会印发《关于组织讨论〈第二次汉字简化方案（草案）〉工作的意见》，建议各省（区、市）成立一个临时领导机构，负责组织本地区草案的宣传、征求意见和修订工作。

【20 日】《人民日报》《光明日报》《解放军报》及各省（区、市）一级报纸发表《第二次汉字简化方案（草案）》，广泛征求意见。草案共收简化字 853 个，其中第一表 248 个，第二表 605 个。草案发表后，第一表的简化字即在全国图书报刊上陆续试用，并在试用中征求意见。

【21 日】《人民日报》开始试用《第二次汉字简化方案（草案）》第一表的简化字。

1978年

1月

【31日】《人民日报》发表《〈第二次汉字简化方案（草案）〉解释》。

2月

【本月】《第二次汉字简化方案（草案）》由文字改革出版社出版。

3月

【2日】教育部印发《关于学校试用简化字的通知》。通知要求，全国统编的中小学各科教材和各地当年秋季自编教材，自秋季起一律试用《第二次汉字简化方案（草案）》第一表的简化字。

【4日】胡愈之、王芸生、王力、周有光等23位人大代表、政协委员联名写信给第五届全国人民代表大会第一次会议秘书处和第五届全国人民政治协商会议秘书处，要求第五届全国人民代表大会和第五届全国人民政治协商会议的主要文件不采用《第二次汉字简化方案（草案）》第一表的简化字。

【6日】中国文改会在通辽召开注音识字座谈会。福建、河北、四川、山东、山西、黑龙江、吉林等七省教育部门的代表参加会议。

【23日】胡愈之提出关于实现汉字标准化的建议，目的是便于进行中文信息处理。该建议得到邓小平和方毅的支持，他们指示第四机械工业部、教育部和中国文改会研究实施方案，报国务院审批。

4月

【17日】教育部印发《关于学校使用简化字的补充通知》。通知指出："《第

二次汉字简化方案（草案）》第一表的字，正在试用并征求意见。今秋供应的教材，凡未发排的，不再使用新简化字。使用了新简化字的教材……可不再改动，但仍用原字进行教学。再版时改用原字。”

【26 日】中国人民政治协商会议全国委员会教育组邀请在京委员 40 多人座谈，胡愈之、董纯才、齐燕铭、王力、曾世英、张含英、钱昌照、周有光等出席会议。会议对《第二次汉字简化方案（草案）》提出了批评意见。

5 月

【18 日】中国文改会在江苏省吴县召开南方方言区推广普通话工作座谈会。上海、江苏、安徽、浙江、福建、江西、湖南、广西、广东等九省（区、市）教育部门及中国社会科学院语言所的代表参加会议。

【22 日】中国文改会和中央人民广播电台联合举办“汉语拼音广播讲座”。

7 月

【31 日】《民族语文》杂志社成立。

【本月】《人民日报》《解放军报》停止试用《第二次汉字简化方案（草案）》第一表简化字。

8 月

【26 日】教育部印发《关于加强学校普通话和汉语拼音教学的通知》。通知指出，学校是推广普通话和教学汉语拼音的重要基地，广大师生是普及普通话和推行汉语拼音的重要力量；推广普通话是一项群众性工作；要宣传推广普通话的重要政治意义，发动群众树立以讲普通话为荣的好风气；做到学校与社会相结合、教学与日常工作相结合、普及与提高相结合。

9 月

【26 日】国务院批转中国文改会、外交部、国家测绘总局、中国地名委员会《关于改用汉语拼音方案作为我国人名地名罗马字母拼写法的统一规范的报告》。

10月

【6日】国家科委、中国科学院向国务院提交《关于成立全国自然科学名词审定委员会的报告》。同年12月，国务院批准成立全国自然科学名词审定委员会，由中国科学院副院长严济慈负责组织筹建工作。

11月

【6日】国务院印发《关于扫除文盲的指示》，其中规定了扫盲工作的重点对象和识字标准。

【9日】中央马列著作毛泽东著作民族语文翻译局在北京成立。翻译局设有蒙古文、藏文、维吾尔文、哈萨克文、朝鲜文五个翻译室。其主要任务是：用少数民族文字翻译马列著作，毛泽东、周恩来、刘少奇等老一辈无产阶级革命家著作，现任党和国家领导人著作，党和国家重要文献，国家法律法规等，并承担中国共产党全国代表大会、中华人民共和国全国人民代表大会、中华人民共和国全国政治协商会议的文件翻译和同声传译工作。

12月

【1日】外交部通知各国驻华外交代表机构：从1979年1月1日起，中华人民共和国政府的外交文件译文将改用汉语拼音方案作为中国人名地名罗马字母拼写法的统一规范。

【本年】吕叔湘、丁声树先后任主编，社科院语言所词典编辑室编辑的《现代汉语词典》由商务印书馆出版。它是在1973年出版的“试用本”基础上进行修订、增补的。这部词典为推广普通话、促进汉语规范化服务。

1979年

1月

【1日】新华社采用《汉语拼音方案》的拼写法来音译中国的人名和地名。“新华通讯社”的罗马字母拼写法，按照中国《汉语拼音方案》的拼写法，改为Xinhua，而不再使用原来的拼法Hsinhua。

【3日】《民族问题五种丛书》编写研讨会在北京召开。会议讨论了《少数民族语言简志丛书》等的编写出版，以及有关少数民族文字书刊的翻译出版工作。

2月

【16日】教育部、中国文改会、中国社会科学院语言研究所联合在北京举办第一期普通话研究班，43名学员参加学习。

3月

【22日】首次全国地名工作会议在北京召开，对少数民族语地名进行了专门研究。

4月

【22日】中国文改会、教育部在杭州召开全国推广普通话工作汇报会。全国29个省（区、市）教育局或文字改革办公室主管推广普通话工作的干部出席会议。

5月

【本月】中国民族语言学会在北京成立。

中国少数民族双语教学研究会在南宁成立。

6月

【15日】联合国秘书处印发《关于采用“汉语拼音”的通知》。通知决定，即日起，联合国秘书处采用汉语拼音作为在各种拉丁字母文字中转写中华人民共和国人名和地名的拼写标准；秘书处起草、翻译或发出的各种文件都用汉语拼音书写中国名称。

7月

【1日】第五届全国人民代表大会第二次会议通过《中华人民共和国刑事诉讼法》。该法规定，各民族公民都有用本民族语言文字进行诉讼的权利；在少数民族聚居或者多民族杂居的地区，应当用当地通用的语言进行审讯，用当地通用的文字发布判决书、布告和其他文件。

8月

【11日】教育部、中国文改会、共青团中央在北京联合召开第五次全国普通话教学成绩观摩会。全国29个省（区、市）的中小学、师范学校的师生250人参加观摩会。财贸系统职工代表、中央有关部门代表及部分语言学家也应邀出席会议。教育部长蒋南翔、副部长张承先等出席开幕式。闭幕式于20日举行。国务院副总理王震、全国政协副主席康克清等出席闭幕式并讲话。会议期间，王力、马大猷、朱德熙、张志公作了学术报告。

9月

【17日】民政部、教育部、中国文改会印发《关于进一步试行和推广聋哑人通用手语的联合通知》，批准在全国试行新制订的430个手语新词。

【本月】《光明日报》调整专刊，《文字改革》双周刊停刊。

10月

【13日】教育部、中国文改会、中国社会科学院语言研究所联合举办第二期普通话研究班，44名学员参加学习。

【22日】中国地名委员会办公室、中国文字改革委员会办公室印发《关于征求

对城市街道里弄名称汉语拼音字母拼写形式的意见并搜集有关资料的通知》。

【本年】根据试行情况，中国盲人聋哑人协会对《聋哑人通用手语草图》进行了修改，定名为《聋哑人通用手语图》。经民政部、教育部和中国文改会批准，《聋哑人通用手语图》在全国进一步试行和推广。

1980年

3月

【25日】国务院印发《关于充实和加强中国文字改革委员会的通知》。通知决定，增补马大猷、王竹溪、朱德熙、陈翰伯、张友渔、张志公、周有光、钱伟长、倪海曙、曾世英等10人为中国文字改革委员会委员。董纯才任主任，胡愈之、张友渔、吕叔湘、王力、叶籁士任副主任，倪海曙任秘书长。中国文字改革委员会仍直属国务院，由中国社会科学院代管。中国文字改革委员会的工作机构由中国社会科学院直接领导，主要任务是提出和执行工作规划、调查研究、审查科研成果、编辑资料和处理国内外联系事务等。有关普通话的推广工作（包括推广工作的机构）划归教育部管理。

【本月】国务院任命倪海曙为中国文改会秘书长。

4月

【30日】中国文改会举行充实和加强后的第一次主任会议。出席会议的有董纯才、胡愈之、张友渔、吕叔湘、王力、叶籁士、倪海曙、刘平。会议研究了召开第一次全体委员会议的相关事项。

5月

【16日】中国文改会举行第二次主任会议。会议由中国社会科学院院长胡乔木召集，董纯才、胡愈之、张友渔、吕叔湘、王力、叶籁士、倪海曙、刘平等出席会议。胡乔木作了重要讲话，要求明确《第二次汉字简化方案（草案）》中哪些字可以用，哪些字不能用。

【19日】中国文改会举行第三次主任会议。张友渔、吕叔湘、王力、叶籁士、倪海曙、刘平等出席会议。会议提出要成立专门的机构修订《第二次汉字简化方案（草

案）》，并考虑计算机处理汉字的要求问题。会议再次研究了召开第一次全体委员会议的相关事项。

【20 日】充实和加强后的中国文改会第一次全体委员会议在全国政协礼堂举行。出席会议的有胡乔木、胡愈之、张友渔、吕叔湘、王力、叶籁士、朱学范、叶圣陶、季羡林、傅懋勣、赵平生、马大猷、朱德熙、陈翰伯、张志公、周有光、钱伟长、倪海曙、曾世英等委员。叶籁士报告了中国文改会成立以来的工作概况。胡乔木发表讲话。会议原则通过 1980 年工作计划要点、关于研究和制订标准现代汉字表的建议和科研计划，通过《关于整顿改组中国文字改革委员会工作机构的决议》，并决定由主任会议研究成立专门委员会修订《第二次汉字简化方案（草案）》，修订方案待委员会讨论通过后，报国务院审批。

6 月

【27 日】中国文改会举行第四次主任会议。出席会议的有董纯才、胡愈之、张友渔、王力、叶籁士、倪海曙、刘平、陶静。会议决定由王力、叶籁士、叶圣陶、吕叔湘、王竹溪、陈翰伯、张志公、周有光、倪海曙、钱伟长、马大猷等 11 人组成《第二次汉字简化方案（草案）》修订委员会，由王力、叶籁士主持修订委员会的工作。会议讨论通过中国文改会临时工作组提出的《关于整顿改组中国文字改革委员会工作机构的建议》，讨论通过《关于恢复文字改革出版社并扩大为语文出版社的初步意见》，原则通过《中国文字改革委员会 1980 年工作计划（草案）》等。

8 月

【28 日】中国文改会和教育部上报国务院《关于普通话推广工作划归教育部管理的报告》。报告指出，为了贯彻执行国务院关于普通话推广工作（包括推广工作的机构）由中国文改会划归教育部管理的决定，中国文改会和教育部商定，从 1980 年 9 月起，原中国文改会的普通话推广工作正式划归教育部管理，推广工作的专职机构（普通话推广组）和普通话师资培训班的人员编制同时移交教育部，作为教育部的建制，机构仍在中国文改会办公。

【本月】文字改革出版社扩大改名为语文出版社。

9月

【4日】中国文改会确定新的机构设置有：联络处、规划协作处、编译处，办公室、图书资料室以及科研委员会、审音委员会、汉语拼音拼写法委员会，还有附属机构语文出版社。

10月

【9日】教育部举办第一期中央普通话进修班，40名学员参加学习。

【21日】中国语言学会在武汉举行成立大会。全国30个省（区、市）和港澳地区代表参加会议。开幕式由吕叔湘主持，王力致开幕词。13位代表作了学术报告。中国文改会委员周有光介绍了中国文改会改组情况及正在开展的工作。代表们交换了对制定语言学科规划的意见。大会选举王力为名誉会长，吕叔湘为会长，傅懋勣、季羡林、罗竹风、严学宭、朱德熙为副会长。

【本年】中国文改会主办的《汉语拼音》报改名为《PINYIN BAO》，1981年出版试刊，1982年1月正式出版。

1981年

1月

【15日】中国地名委员会、外交部、中国文改会、国家测绘总局向国务院呈报《关于用汉语拼音拼写台湾地名时括注习惯拼法的请示》。2月9日，国务院转发了该请示。

2月

【25日】全国总工会、共青团中央等九部门联合向全国人民特别是青少年发出倡议，开展以讲文明、讲礼貌、讲卫生、讲秩序、讲道德和心灵美、语言美、行为美、环境美为主要内容的“五讲四美”文明礼貌活动。

5月

【1日】国家标准局1980年发布的国家标准GB 2312–80《信息交换用汉字编码字符集·基本集》实施。基本集共收入汉字6763个，非汉字图形字符682个。

6月

【27日】中国中文信息研究会在天津成立。第五届全国政协常委、中国科学院学部委员钱伟长当选为理事长。1987年该研究会改名为中国中文信息学会。

7月

【13日】全国高等学校文字改革学会成立大会在哈尔滨举行。参加会议的有语文学界、部分省（市）文字改革领导机构负责人以及来自全国90所高等院校的代表164人。中国文改会副主任吕叔湘、叶籁士，秘书长倪海曙，委员周有光、曾世英、

张志公、朱德熙等出席大会。董纯才、张友渔、王力作了书面发言。学会的宗旨是团结全国高等院校教学和科研力量，在中国文改会的指导下，分担国家文字改革规划所规定的科研、推广和培训任务。大会聘请王力为学会名誉会长，推选倪海曙为学会会长。

【本月】由北京大学总体设计的汉字—激光照排系统通过电子部、教育部联合鉴定，确认该系统解决了汉字编辑排版系统的主要技术难关。

9月

【16日】中国文改会召开全体委员会议。董纯才、张友渔、吕叔湘、王力、叶籁士、倪海曙、周有光、朱学范、傅懋勣、叶圣陶、王竹溪、朱德熙、曾世英、赵平生、张志公等出席会议。会议讨论并原则通过了《第二次汉字简化方案（修订草案）》，讨论通过了修订草案征求意见工作的注意事项。会议决定，修订草案立即印发全国征求意见，印发前由中国文改会主任对新华社发表谈话，说明修订经过和征求意见的要求、办法。

10月

【16日】教育部在北京举办第三期中央普通话进修班，27名学员参加学习。

【本年】中央电视台和教育部推广普通话办公室联合举办“学拼音”电视教学节目。

1982年

1月

【20日】中国文改会召开主任会议。会议由董纯才主持，张友渔、吕叔湘、王力、唐守愚、刘平出席。会议原则上同意中国文改会临时党委提出的关于工作机构设置的意见，设置办公室、汉字处、汉语拼音处、编辑室、语文出版社等五个部门。会议决定恢复出版《文字改革》杂志。

【23日】中国文改会召开主任会议。董纯才、张友渔、吕叔湘、王力、倪海曙、唐守愚、周有光等出席会议，应邀出席的还有中国社会科学院语言研究所、中宣部新闻局、新华社、人民日报社、光明日报社代表。中共中央书记处书记胡乔木就当前的文字改革工作发表重要讲话。他指出，推广普通话的工作要在学校教育和社会教育中继续加强；《汉语拼音方案》经长时间讨论和慎重制定，由全国人民代表大会通过并推行多年，得到世界公认，没有任何理由动摇，现在需要的是迅速制定正词法规则和解决扩大实际应用范围的一系列技术问题；关于简化汉字方案，需要进一步加以完善，以适应汉字信息化的要求，特别是要使汉字便于编码输入电子计算机。

2月

【2日】国家民委批准《壮文方案（修订案）》。3月30日，广西壮族自治区人民政府发出关于公布和推行《壮文方案（修订案）》的通知。

3月

【13日】中国文改会举行主任会议。会议由董纯才主持。吕叔湘、王力、倪海曙、周有光、唐守愚、刘平出席。会议讨论了《第二次汉字简化方案（修订草案）》的修改问题，研究了有关必须调整的简化字的建议；会议讨论了汉语拼音正词法委

员会和普通话审音委员会的人选：同意叶籁士、周有光、杜松寿、赵慕昂为正词法委员会核心小组成员，叶籁士为主任，周有光为副主任；同意王力、李荣、周祖谟、徐世荣、夏青为审音委员会五人小组成员，王力为主任。会议讨论了《文字改革》杂志复刊的筹备工作，讨论了中国文改会写给中央书记处的工作汇报初稿，讨论了中国文改会 1982 年工作计划要点。

【25 日】教育部在北京召开全国学校推广普通话工作会议。教育部副部长张承先、张文松和中国文改会副主任倪海曙出席会议并讲话。吕叔湘、周有光作了专题报告。会议交流了经验，讨论研究了全国学校加强推广普通话的问题。

【本月】中国文改会主办的《PINYIN BAO》停刊。

4 月

【14 日】中国文改会普通话审音委员会核心组召开扩大会议。会议讨论了《审音范围和审音原则》，研究制定了委员会工作条例，确定由徐世荣担任审音委员会副主任。

6 月

【19 日】国家标准局批准全国文献工作标准化技术委员会拟定的 GB/T 3259-1982《中文书刊名称汉语拼音拼写法》为国家标准。

【26 日】普通话审音委员会召开第一次全体委员会议。委员会由 19 名委员组成。中国文改会主任董纯才、秘书长唐守愚、教育部副部长张文松和曹乃木、傅兴岭、高景成、蒋仲英、梁容若、陆宗达、孙德宣、孙修章、王力、夏青、徐世荣、徐仲华、俞敏、张志公、周有光等 15 位委员出席会议。会议讨论并原则通过《普通话审音委员会条例（草案）》《审音范围和审音原则（草稿）》《审音工作计划大纲（草案）》。

【本月】中国文改会主办的《汉语拼音报》复刊。

7 月

【24 日】汉语拼音正词法委员会召开第一次全体委员会议。会议由周有光主持。中国文改会主任董纯才、副主任王力、秘书长唐守愚出席会议。会议原则通过了《汉

语拼音正词法委员会条例》和《汉语拼音正词法委员会第一阶段工作计划》。

【25 日】《文字改革》杂志复刊。

8 月

【1 日】国际标准化组织（ISO）发表由该组织成员国投票表决决定的国际标准《文献工作——中文罗马字母拼写法》（ISO-7098）。该文件规定拼写汉语以汉语拼音为国际标准。

【17 日】国家标准局、中国文改会就统一标准代号读音问题致函广播电视部。函件指出，我国的标准代号都是汉语拼音的缩写，请广播电视部转告各广播电台、电视台，尽快做好汉语拼音字母的正确读音工作，不要把标准代号的汉语拼音字母读成英文字母的名称音。

9 月

【25 日】中国文改会召开主任会议。董纯才、张友渔、吕叔湘、叶籁士、倪海曙、周有光、唐守愚、刘平出席会议。会议通报了中国文改会半年来的工作情况，讨论了关于全面整理和简化汉字的设想。会议认为，应该在现代汉语用字的范围内整理和简化那些难认、难写、难念和难记的字，以利于普及教育和发展科学文化事业。会议还讨论了关于纪念《汉语拼音方案》公布 25 周年的活动。

11 月

【5 日】中国文改会印发《征集更改县以上地名及山河等名称中生僻字的通知》。通知要求各地提出所属县、市以上地名及山河等名称中生僻字改为常用字的意见，以便进一步整理和研究。通知还提出了更改的原则意见。

【15 日】民政部、教育部、中国文改会印发《关于试行和推广聋哑人通用手语的联合通知》。

12 月

【4 日】第五届全国人民代表大会第五次会议通过的《中华人民共和国宪法》第十九条规定：“国家推广全国通用的普通话。”

【10 日】第五届全国人民代表大会第五次会议通过的《中华人民共和国全国人民代表大会组织法》第十九条规定："全国人民代表大会举行会议的时候，应当为少数民族代表准备必要的翻译。"

【21 日】教育部、中国文改会、解放军总政治部、共青团中央、全国总工会、全国妇联、公安部、商业部、铁道部、交通部、邮电部、城乡建设环境保护部、文化部、广播电视部、国家旅游局等 15 个单位印发《大家都来说普通话倡议书》。倡议指出，第五届全国人大五次会议通过的新宪法已经载明推广普通话的条款；大力推广普通话，消除方言隔阂，已成为更加迫切的任务。23 日，《人民日报》《光明日报》等发表倡议书，并分别发表题为《做推广普通话的促进派》《全国师生都要做大力推广普通话的模范》的评论员文章。

【22 日】国家标准局批准了全国文献工作标准化技术委员会报批的 GB/T 3304-1982《中国各民族名称的罗马字母拼写法和代码（草案）》，自 1983 年 10 月 1 日起实施。

【23 日】《人民日报》《光明日报》发表教育部等 15 个单位联合发出的《大家都来说普通话倡议书》，并发表评论员文章。

【本年】教育部举办第四期中央普通话进修班，25 名学员参加学习。

1983年

1月

【1日】中国国际电台对外广播的英语节目呼号中的“北京”改用汉语拼音，即由原来的RADIO PEKING改为RADIO BEIJING。该台广播的法语、印地语、乌尔都语、僧迦罗语、豪萨语、斯瓦希里语等节目也同时作相应改动。

2月

【3日】商业部印发《关于动员广大商业、供销、粮食职工响应〈大家都来说普通话倡议书〉的通知》。

【22日】政协全国委员会、中国文改会、教育部联合召开纪念《汉语拼音方案》公布25周年座谈会。中共中央政治局委员胡乔木、第六届全国人大常委会副委员长朱学范出席。第六届全国政协副主席周培源主持会议并致开幕词。出席座谈会的有知名人士和各界代表共100多人。胡乔木、朱学范、董纯才、张文松在会上讲话。

5月

【9日】教育部在江苏省镇江市召开全国中等师范学校推广普通话工作座谈会。全国29个省（区、市）教育厅（局）负责推普工作和师范工作的干部、师范学校代表及部分高等师范院校代表共80多人参加会议。会议交流了师范学校推广普通话的情况和经验，讨论了《加强师范学校推广普通话和汉语拼音教学意见要点（草稿）》。

【本月】全国计算机与信息处理标准化技术委员会成立，同年10月组建了下属的第一批分技术委员会。

6月

【1日】中国文改会召开主任（扩大）会议。会议由董纯才主持。吕叔湘、叶籁士、倪海曙、唐守愚、周有光、王均等出席。会议同意把《第二次汉字简化方案（修订草案）》上报国务院审批公布。

【3日】中国文改会在北京召开汉字部首排检法座谈会。中国文改会副主任倪海曙、代秘书长陈章太分别出席开幕式和闭幕式。座谈会主要讨论了三个问题：设立部首的原则，部首数量，单字归部的原则和方法。会议决定由上海辞书出版社、汉语大词典编纂处、汉语大字典编纂处、商务印书馆和中国社会科学院语言研究所等五个单位组成工作组拟定统一的部首排检法方案。

【本月】中国文改会和文化部出版局邀请商务印书馆、上海辞书出版社等有关单位共同研究，在《康熙字典》（214部首）、《辞海》（150部首）、《新华字典》（189部首）共有部首的基础上，提出设立201部首的初步方案，同时确定依据字形定部的原则。

8月

【6日】中国文改会和全国高等院校文字改革学会在北京联合召开黑龙江省小学“注音识字，提前读写”实验总结汇报会。教育部、中央教育科学研究所、中国社会科学院语言研究所、中国人民大学语言文字研究所、北京师范大学、国家测绘局测绘研究所、新华社、人民日报社、中国教育报社、教育研究杂志社等单位，以及黑龙江、北京、上海、湖北等省（市）负责教育和文字改革工作的代表共70多人参加会议。

9月

【1日】中国文改会召开主任会议。会议由叶籁士主持。吕叔湘、王力、倪海曙、陈章太出席。会议决定，待中国社会科学院对《第二次汉字简化方案（修订草案）》批复后，举行中国文改会全体委员会议，审议《第二次汉字简化方案（修订草案）》。会议听取了关于“注音识字，提前读写”实验总结汇报会的情况，强调要继续搞好实验，决定成立“注音识字，提前读写”实验研究小组。会议还对《汉语拼音正词法基本

规则（征求意见稿）》征求意见的工作进行了安排。

【12 日】教育部印发《关于加强中等师范学校推广普通话和推行汉语拼音工作的通知》。通知要求，师范学校学生都应掌握汉语拼音，学会普通话，毕业后能教汉语拼音，能用普通话教学；师范学校的教师必须明确树立普通话是教师职业语言的思想，力争在三五年内做到各科教学和学校各项活动都能坚持使用普通话。通知强调，本文件精神适用于高等师范院校。

10 月

【5 日】中国文改会召开全体委员会议。中央政治局委员胡乔木出席会议并讲话。会议讨论了汉字整理和简化工作。

【11 日】商业部、教育部在福州召开商业系统部分省、市推广普通话工作座谈会。江苏、浙江、福建、广东、上海等五省（市）商业、粮食、供销和教育部门的代表共 40 人参加会议。

12 月

【13 日】“注音识字，提前读写”实验研究小组举行第一次会议。研究小组由吕叔湘任组长，组员有叶籁士、倪海曙、周有光、杜松寿、张志公、蒋仲仁、袁微子、李仲汉、刘泽先、贾援、佟乐泉、陈建民等。

【本年】教育部和中国文改会联合举办第一期中央推广普通话专（兼）职干部训练班。来自全国各地的 38 名推广普通话干部参加培训。

教育部举办第五期中央普通话进修班，38 名学员参加学习。

1984年

1月

【6日】中国社会科学院向国务院呈报《关于建立语言文字应用研究所的报告》，以加强对文字改革的研究，同时填补语言文字应用方面某些学科的空白。报告明确了语言文字应用研究所同中国社会科学院语言研究所的职责分工：中国社会科学院语言研究所主要研究语言事实和基本理论；语言文字应用研究所的任务是紧密联系实际，研究、解决语言文字的应用问题。3月16日，国务院批复同意建立语言文字应用研究所，由中国社会科学院和中国文字改革委员会双重领导，以中国社会科学院为主。

2月

【16日】经广泛征求意见和多次讨论，中国文改会决定《第二次汉字简化方案（草案）》不再作为修订方案公布，而拟作《增订汉字简化方案》发表。在对《第二次汉字简化方案（草案）》修订和《汉字简化方案》调整的审订意见基础上，参考吕叔湘、曾世英、马大猷等委员的意见，中国文改会汉字处编制了《增订汉字简化方案（征求意见稿）》。

3月

【16日】小学“注音识字，提前读写”实验研究小组举行第二次会议。吕叔湘、叶籁士、倪海曙、周有光、杜松寿、蒋仲仁、贾援、陈建民、刘泽先出席会议。会议听取了黑龙江省和广东省进行实验的近况，决定请教育部向全国教育厅局发一个支持“注音识字，提前读写”实验的文件，培训秋季开学的实验班师资，出版拼音读物等。

【21 日】教育部办公厅印发《关于将推广普通话办公室改为部直属司局级单位的通知》。

5月

【26 日】教育部、中国文改会印发《关于小学"注音识字，提前读写"实验的几个问题的通知》。通知指出，"注音识字，提前读写"是我国小学语文教学改革的一项重要实验，对提高小学教育质量和推广普通话等都有重要意义。但这项教学改革还处于实验阶段，必须扎实、有计划有步骤地进行。实验表明，学好汉语拼音对小学生识字、阅读、写话和学习普通话都有促进作用。各地城乡初等学校应从实际出发，加强教师的汉语拼音培训工作，进一步加强和改进汉语拼音教学，在熟练掌握汉语拼音的基础上引导学生阅读注音的课外读物，为提高小学语文教学质量积极创造条件。

【27 日】中国社会科学院和教育部联合组织召开鉴定会，对采用电子计算机分析统计汉字结构部件的工作成果进行鉴定。董纯才、高沂、吕叔湘、钱伟长、叶籁士、倪海曙、唐守愚、周有光、陈章太等出席会议。

【31 日】第六届全国人民代表大会第二次会议通过《中华人民共和国民族区域自治法》。该法对于民族自治地方的行政、教育、司法诉讼中使用少数民族语言文字及各民族干部互相学习语言文字等作出了规定。

6月

【14 日】中国文改会和教育部联合举办首届汉语拼音电脑击键竞赛（北京地区）决赛，以鼓励广大青少年学习汉语拼音，用汉语拼音操作计算机。中国社会科学院党组第一书记梅益、中国文改会副主任叶籁士出席会议并讲话。

7月

【21 日】教育部和中国文改会在黑龙江省佳木斯市举办"注音识字，提前读写"教学研究班。各省市教师、教学研究人员 350 人参加学习。中国文改会顾问倪海曙出席开班式并讲话，教育部初等教育司司长陈德珍出席 30 日的结业式并讲话。

8月

【24日】国务院任命中国文改会新的领导成员：主任刘导生，副主任陈原、陈章太、王均，秘书长陈章太（兼），顾问胡愈之、吕叔湘、王力、叶籁士、倪海曙、唐守愚、周有光。机构设置有：办公室、人事处、行政处、图书资料室、宣传推广部、期刊编辑室、语文出版社、推广普通话办公室、语言文字应用研究所。

9月

【14日】中国文改会召开主任、副主任、顾问联席会议。主任刘导生，副主任陈原、陈章太、王均，顾问吕叔湘、王力、叶籁士、唐守愚、周有光等出席会议。会议听取了中国文改会当前工作的汇报，讨论了拟召开的全国文字改革工作座谈会有关事项，提出了即将着手的主要工作：召开语言文字应用研究所成立大会；召开全国文字改革工作座谈会，为第二次全国文字改革会议做准备等。

【25日】语言文字应用研究所召开成立大会。中国社会科学院党组第一书记梅益，中国文改会主任刘导生，语言文字学界、文教界和科技界的专家学者董纯才、王力、吕叔湘、路易·艾黎、叶籁士、季羡林、曾世英、唐守愚、李荣、周有光、周祖谟、王均、黄乃、吴雪、叶至善、马学良、林焘、杜松寿、徐世荣、齐越、夏青等90多人出席大会。中国文改会副主任、语言文字应用研究所所长陈原报告了语言文字应用研究所的筹备经过、具体任务等。

10月

【16日】中国文改会在北京召开文字改革工作座谈会。26个省（区、市）教育厅（局）和文字改革机构、中央有关部门的负责人以及有关专家共60多人出席。刘导生和教育部副部长彭珮云、吕叔湘在会上讲话。陈章太传达了中共中央政治局委员胡乔木的指示。会议肯定了文字改革工作成绩，初步明确了新时期文字改革工作的方针任务，提出了建立健全文改机构的设想，明确了加强文字改革队伍的途径，提出了文字改革工作面向社会加强宣传、开展咨询服务的建议，初步讨论了拟召开的第二次全国文字改革会议的准备工作。

【19日】中共中央政治局委员胡乔木写信给参加文字改革座谈会的全体代表。

信中充分肯定了文字改革工作取得的成绩，指出了文字改革工作的长期性、推广普通话和确定语言文字应用规范的必要性等。

11 月

【2 日】中国文改会召开主任扩大会议。主任刘导生，副主任陈章太、王均等出席会议。会议就增订汉字简化方案问题和近期工作进行了讨论。会议决定，争取年底将修订方案上报国务院审批。会议还讨论部署了文字改革工作近期的宣传工作。

【29 日】国家科委、中国科学院向国务院提交《关于全国自然科学名词审定委员会工作的请示报告》。报告就委员会的任务范围、委员会的下设组织和办事机构、委员会的学术权威性及经费等问题作出原则规定。同年 12 月，国务院批准该报告。

12 月

【20 日】中国文改会、教育部、文化部向各省（区、市）教育厅（局）、文化局、出版局、文字改革机构印发《关于编写、出版、发行儿童拼音读物的联合通知》。

【25 日】中国地名委员会、中国文改会、国家测绘局印发《关于颁发〈中国地名汉语拼音字母拼写规则（汉语地名部分）〉的通知》。

【本年】教育部举办第六期中央普通话进修班，37 名学员参加学习。

1985年

2月

【1日】中国文改会向国务院报送了《关于文字改革工作座谈会情况的报告》。报告提出了新时期文字改革工作的方针任务、关于省（区、市）文字改革工作机构问题和召开第二次全国文字改革会议的计划。3月2日，国务院办公厅转发了报告，要求各地认真做好语言文字规范化工作，根据实际情况考虑是否成立相应的机构，中国文改会和教育部要为1985年召开第二次全国文字改革会议共同做好准备工作。

【15日】全国自然科学名词审定委员会召开主任、副主任会议。会议原则通过了全国自然科学名词审定委员会组织条例和审定工作条例。会议讨论确定了全国委员会委员人选、第一届全国委员会工作规划、成立大会筹备工作等事项。

【25日】全国自然科学名词审定委员会在北京成立。钱三强任第一届委员会主任，叶笃正、胡兆森、王寿仁、吴衍庆、戴荷生、吴凤鸣任副主任，马大猷等52人担任全国委员。全国人大常委会副委员长严济慈在成立大会上讲话，国务委员方毅为大会写了贺词，国家科委副主任曾庆林向委员颁发了聘书。钱三强在会上致开幕词，叶笃正作了专题报告，中国科学院院长卢嘉锡在闭幕式上讲话。会议通过了《全国自然科学名词审定委员会组织条例》和《全国自然科学名词审定委员会审定工作条例》两个文件。

3月

【11日】国家标准局发布国家标准GB 5007.1 ~ 5007.2-85《信息交换用汉字24×24点阵字模集及数据集》，自1985年6月1日起实施。

5 月

【13 日】北京大学、山东潍坊计算机厂、邮电部杭州通信设备厂、无锡电子计算机厂、新华社技术局和印刷厂合作研制的计算机—激光照排汉字编辑系统通过国家级鉴定。鉴定会由国家经济委员会主持。第六届全国政协副主席周培源出席鉴定会。

【17 日】国家标准局发布 GB/T 5199.1–85《信息交换用汉字 15 × 16 点阵字模集》和 GB/T 5199.2–85《信息交换用 15 × 16 点阵字模数据库》。两个国家标准均自 1985 年 10 月 1 日起实施。

8 月

【31 日】中国文改会召开全体委员会议。主任刘导生，副主任陈原、陈章太、王均，委员吕叔湘、王力、叶籁士、倪海曙、董纯才、傅懋勣、陈翰伯、周有光、曾世英、马大猷等出席会议。会议讨论了拟上报中共中央的《关于语言文字工作几个问题的请示报告（初稿）》。

10 月

【21 日】国家教委和中国文改会在北京召开“注音识字，提前读写”教学实验座谈会。国家教委副主任柳斌，初教司司长陈德珍，中国文改会副主任王均，语言学家吕叔湘、周有光等，以及全国 22 个省（区、市）的代表共 100 多人出席会议。会议交流了各地的实验经验。

12 月

【16 日】国务院办公厅印发《关于中国文字改革委员会改名为国家语言文字工作委员会的通知》。通知强调，为了加强新时期的语言文字工作，国务院决定将原中国文字改革委员会改名为国家语言文字工作委员会。国家语言文字工作委员会（简称“国家语委”）仍为国务院的直属机构，其主要职责是：贯彻执行国家关于语言文字工作的方针、政策和法令，促进语言文字的规范化、标准化，继续推动文字改革工作，并做好有关的社会服务工作。少数民族语言文字工作仍由国家民委管理。随后，国务院任命刘导生为国家语委主任委员，陈原、陈章太、王均为副主任委员，

陈章太兼秘书长。委员有于庆和、马大猷、马希文、王均、王庆淑、叶籁士、冯军、刘导生、刘坚、吕叔湘、吕必松、李行健、张志公、季羡林、陈原、陈章太、周有光、胡乔木、胡绳、柳斌、倪海曙、耿绍光、曹先擢、傅永和、程建宁、照那斯图等26人。

【27日】国家语委、国家教委、广播电视部印发《关于〈普通话异读词审音表〉的通知》。通知指出，自公布之日起，文教、出版、广播等部门及全国其他部门、行业所涉及的普通话异读词的读音、标音，均以此表为准。

1986年

1月

【6日】经中共中央、国务院批准，国家教委和国家语委在北京联合召开全国语言文字工作会议。这是继1955年全国文字改革会议和现代汉语规范问题学术会议之后召开的第二次全国性的语言文字工作会议。中央有关单位和各省（区、市）代表280多人参加会议。中共中央政治局委员、书记处书记、国务院副总理万里，中共中央政治局委员、书记处书记胡乔木分别出席开幕式和闭幕式并讲话。国家教委副主任何东昌致开幕词。国家语委主任刘导生作《新时期语言文字工作的报告》，回顾了30年来语言文字工作成绩，提出了新时期语言文字工作的方针：贯彻、执行国家关于语言文字工作的政策和法令，促进语言文字规范化、标准化，继续推动文字改革工作，使语言文字在社会主义现代化建设中更好地发挥作用。同时，提出了当前语言文字工作的主要任务：做好现代汉语规范化工作，大力推广和积极普及普通话；研究和整理现行汉字，制定各项有关标准；进一步推行《汉语拼音方案》，研究并解决实际使用中的有关问题；研究汉语汉字信息处理问题，参与鉴定有关成果；加强语言文字的基础研究和应用研究，做好社会调查和社会咨询、服务工作。国家教委副主任柳斌作了题为《教育战线要重视语言文字工作》的讲话。大会还进行了七个专题发言和典型经验交流，讨论了新时期语言文字工作的方针任务。国家语委副主任陈章太作总结发言。大会对全国58个文字改革和推广普通话先进单位以及194名积极分子进行了表彰。会议于13日结束。

【23日】国务院发布《地名管理条例》。条例规定，中国地名的罗马字母拼写以《汉语拼音方案》作为统一规范，少数民族语地名、外国地名的汉字译写应当做到规范化。

【25日】钱学森在写给国家语委的信中强调指出，语言文字信息处理是“我国社会主义文化建设中的大事”。

【28日】国家教委印发《关于加强对中等师范学校学生进行普通话考核的意见》。意见指出，掌握普通话和汉语拼音是中等师范学校学生的基本功，是合格教师的必备条件；师范学校必须把普通话训练贯穿在整个师范教育阶段，对学习掌握普通话和汉语拼音的能力进行严格、系统的考核。意见还对师范学生掌握普通话和汉语拼音的能力提出了具体要求。

2月

【9日】国家教委推广普通话办公室正式划归国家语委。

3月

【本月】《文字改革》杂志从本年起更名为《语文建设》。《语文建设》是国家语委主办的语文刊物。

4月

【12日】第六届全国人民代表大会第四次会议通过《中华人民共和国义务教育法》。该法第六条规定："学校应当推广全国通用的普通话。招收少数民族学生为主的学校，可以使用少数民族通用的语言文字教学。"

【19日】国家语委、中国书法家协会、中央电视台、语文出版社在北京召开书法家谈汉字规范化座谈会。在京部分书法家出席座谈会。国家语委主任刘导生在会上指出：汉字既是书面交际的工具，又是一门书法艺术。作为书面交际工具，应该严格遵守规范；至于书法艺术，则可以百花齐放，不能强求一律。我们只是提倡书法家写规范的简化字。

5月

【本月】四川辞书出版社和湖北辞书出版社分卷出版《汉语大字典》。全书共8卷，于1990年出齐，共收录汉字54678个，总计2500万字。

6月

【24日】国务院批转国家语委《关于废止〈第二次汉字简化方案（草案）〉和

纠正社会用字混乱现象的请示》的通知。通知强调，1977 年 12 月 20 日发表的《第二次汉字简化方案（草案）》，自本通知下达之日起停止使用；今后对汉字的简化应持谨慎态度，使汉字的形体在一个时期内保持相对稳定，以利于社会应用。通知要求，国家语委尽快会同有关部门研究、制订各方面用字管理办法，逐步消除社会用字混乱的不正常现象。

7 月

【10 日】国家语委召开第一次委员会议。吕叔湘、叶籁士周有光、倪海曙、马大猷、刘导生、陈原、王均、曹先擢、李行健、傅永和、王庆淑、于庆和、耿绍光、刘坚、吕必松、照那斯图、马希文等 18 位委员出席会议。国家语委主任刘导生主持会议。会议回顾了 1986 年全国语言文字工作会议以来的工作开展情况，着重研究了如何贯彻落实《国务院批转国家语委关于废止〈第二次汉字简化方案（草案）〉和纠正社会用字混乱现象请示的通知》精神。

【24 日】国家教委、国家语委、商业部、国家旅游局、城乡建设环境保护部、交通部印发《关于加强开放、旅游城市推广普通话工作的通知》。通知要求，开放、旅游城市推广普通话要学校社会一起抓，各级各类学校要在三五年内普及普通话，社会推广普通话要从商业、服务业、交通、旅游等窗口行业抓起，重点抓好干部和第一线人员的普通话推广工作。

9 月

【8 日】国家语委、国家教委在北京召开“七五”期间语言文字工作规划会议。各省（区、市）语委、教委（教育厅、局）和中央有关部门代表参加会议。国家语委秘书长曹先擢主持会议，国家语委主任刘导生讲话。会议讨论了 “七五”期间的语言文字工作。

【28 日】根据《国务院批转国家语言文字工作委员会关于废止〈第二次汉字简化方案（草案）〉和纠正社会用字混乱现象的请示的通知》精神，《人民日报》《光明日报》及全国各地主要大报重新刊登了《简化字总表》。同日，《人民日报》《光明日报》还发表了有关促进汉字规范化、消除社会用字混乱的社论。

【本月】《中国少数民族语言简志丛书》完成全部编写任务。这套丛书包括 57 本（59 种）语言简志，自 1979 年开始编纂，历时七年完成。

10 月

【10 日】经国务院批准决定，国家语委重新发表《简化字总表》，共收 2235 个简化字，对原《简化字总表》中的个别字作了调整。

12 月

【2 日】国家语委、国家教委印发《关于调整推广普通话工作领导管理体制和推广普通话办公室隶属关系的通知》。通知明确，经国务院批准，全国推广普通话工作由国家语委负责抓总。其中的学校推广普通话工作，由国家教委负责。原国家教委推广普通话办公室改属于国家语委，其工作由国家语委和国家教委双重领导，以国家语委为主。学校推广普通话工作，在国家教委领导下，由推广普通话办公室统一管理，国家教委有关司局配合。

【25 日】国家语委、商业部、城乡建设环境保护部委托上海市语委举办的第一期中央社会推广普通话干部培训班结业。

【本年】国家语委《汉语拼音报》、团中央《新少年报》、中国现代硬笔书法研究会、北京铅笔厂联合举办“全国小学生‘金鱼杯’铅笔书法比赛”。参赛学生达 10 多万人。中共中央副主席陈云作了重要批示。

国家语委、国家教委在北京举办第三期中央推广普通话专（兼）职干部训练班，79 名学员参加学习。

1987年

1月

【1日】国家语委、国家出版局、国家标准局、国家计量局、国务院办公厅秘书局、中宣部新闻局、中宣部出版局印发《公布〈关于出版物上数字用法的试行规定〉的联合通知》。

2月

【10日】国家语委推广普通话办公室印发《关于提请教育部门重视考核中小学教师用普通话进行教学的能力的通知》。

3月

【27日】国家语委、中国地名委员会、铁道部、交通部、国家海洋局、国家测绘局印发《颁发〈关于地名用字的若干规定〉的通知》。

国家标准局批准国家标准 GB/T 7589-1987《信息交换用汉字编码字符集·第二辅助集》，自 1987 年 12 月 1 日起实施。该标准共收汉字 7237 个。

国家标准局批准国家标准 GB/T 7590—1987《信息交换用汉字编码字符集·第四辅助集》，自 1987 年 12 月 1 日起实施。该标准共收汉字 7039 个。

4月

【1日】国家语委、广播电影电视部印发《颁发〈关于广播、电影、电视正确使用语言文字的若干规定〉的通知》。规定要求，电台、电影、电视剧要使用普通话，不滥用方言，文字使用要合乎规范，电影电视制作部门要建立严格的审查校对制度。

【8日】国家教委和国家语委在武汉联合召开全国高等师范院校推广普通话工作经验交流会。国家语委副主任陈章太、国家教委师范司副司长岩明远和湖北省语委的领导出席会议。陈章太在讲话中谈了师范院校推普工作的现状、任务和应当采取的措施。会议代表结合各省市的经验商讨全国高师下一步的推普工作。

【10日】国家语委、商业部、对外经济贸易部、国家工商行政管理局印发《关于企业、商店的牌匾、商品包装、广告等正确使用汉字和汉语拼音的若干规定》。

【13日】国家教委、国家语委在武汉召开全国中等师范院校推广普通话工作汇报座谈会。会议讨论了中等师范院校的推广普通话工作应当如何巩固提高的问题。

5月

【7日】国家语委、商业部、城乡建设环境保护部联合委托上海市语委在上海师范专科学校举办第二期中央社会推广普通话干部培训班。

【22日】中国盲人聋哑人协会在泰安市召开第三次手语工作座谈会，决定将《聋哑人通用手语图》四辑本修订为一卷本，并改名为《中国手语》。

8月

【12日】国务院对国家科委、中国科学院《关于公布天文学名词的请示》作出重要批复。国务院的批复明确，全国自然科学名词审定委员会是经国务院批准成立的；审定、公布各学科名词，是该委员会的职权范围，经其审定的自然科学名词具有权威性和约束力，全国各科研、教学、生产、经营、新闻出版等单位应遵照使用；国务院授权全国自然科学名词审定委员会自行公布天文学以及以后各学科经审定的自然科学名词。

【14日】世界汉语教学学会在北京成立。联邦德国、民主德国、美国、法国、日本、泰国、新加坡、中国等16个国家和地区的36名专家、学者当选为学会理事。首届理事会推选产生了常务理事会，朱德熙任学会会长。

【27日】国家语委在北戴河召开语言文字工作座谈会。12个省（区、市）语委的代表31人参加会议。会议交流了纠正社会用字混乱问题情况和经验，并就北方话地区的推普工作、干部队伍的建设以及少数民族地区的推普工作进行了座谈。

9月

【4 日】国家工商行政管理局、国家语委印发《关于商标用字规范化若干问题的通知》。

【25 日】国家语委、国家教委印发《关于加强高等师范院校推广普通话工作的通知》。通知指出，普通话是教师的职业语言，使用普通话教学是师范院校合格毕业生的必备条件，提出了在高等师范院校普及普听话的基本要求和普通话培训工作的任务。

国家语委、国家教委印发《关于做好中等师范学校普通话普及、巩固、提高工作的几点意见》。意见明确了以下内容：1. 当前中等师范学校推广普通话工作的任务；2. 中等师范学校普及普通话的要求和检查验收；3. 对中等师范学校学生掌握普通话和汉语拼音的要求及测试；4. 加强普通话的教学和训练；5. 提高教师使用普通话的水平。

11月

【3 日】国家语委推广普通话办公室在厦门召开南方方言区推广普通话工作经验交流会。南方方言区和部分北方方言区的代表 50 余人参加会议。国家语委副主任陈章太在闭幕式的讲话中对今后的工作提出了要求。

【19 日】经中国社会科学院报中央组织部批准，对国家语委领导班子进行调整：党组成员陈原、曹先擢、傅永和，陈原任党组书记，傅永和任秘书长。

12月

【2 日】中国地名委员会、城乡建设环境保护部、国家语委印发《关于地名标志不得采用"威妥玛式"等旧拼法和外文的通知》。

【本年】国家对外汉语教学领导小组成立，以加强对外汉语教学工作的领导。国家教委副主任何东昌任组长。

国家语委举办第七期中央普通话进修班，40 名学员参加学习。

1988年

1月

【5日】国家标准局批准国家标准GB/T 8565.1–1988《信息处理文本通信用编码字符集·第一部分总则》和GB/T 8565.2–1988《信息处理文本通信用编码字符集·第二部分图形字符集》。

【26日】国家语委、国家教委发布《现代汉语常用字表》。《现代汉语常用字表》分常用字（2500字）和次常用字（1000字）两个部分。

2月

【5日】国务院发布《扫除文盲工作条例》。条例第六条规定，扫除文盲教学应当使用全国通用的普通话；在少数民族地区可以使用本民族语言文字教学，也可以使用当地各民族通用的语言文字教学。

【24日】国务院任命陈原为国家语委主任。国家语委机构设置有：办公室、汉字处、拼音处、人事处、行政处、推广普通话办公室、《语文建设》编辑部、语文出版社、语文音像出版社、语言文字应用研究所。

【本月】中国大百科全书出版社出版《中国大百科全书·语言文字》，王力、吕叔湘任顾问，季羡林任编辑委员会主任。

3月

【25日】国家语委、新闻出版署发布《现代汉语通用字表》。字表共收7000字，对原来的《印刷通用汉字字形表》（1965年）所收的6196字进行了增删。

5 月

【7 日】新闻出版署、国家语委召开新闻发布会，宣布从即日起实施《现代汉语通用字表》。

【25 日】国家语委在北京召开全国各地语言文字工作机构办公室主任座谈会。27 个省（区、市）和四个沿海城市的 32 名代表出席会议。国家语委秘书长傅永和会上通报了近两年工作情况和政府机构调整后国家语委的变动。各地负责人交流了工作情况，国家语委主任陈原作总结讲话。

7 月

【1 日】国家教委、国家语委印发《汉语拼音正词法基本规则》。

9 月

【6 日】国家语委在唐山市召开社会用字管理工作现场会。全国 16 个省（市）和河北省 9 个地市的语委办主任及新闻单位的代表 50 人出席会议。

【26 日】国家语委在青岛市召开全国沿海开放城市和经济特区推普工作汇报会。会议讨论了《关于学校推广普通话 12 年规划初步设想（1989—2000 年）》。

11 月

【19 日】国家教委、国家语委在全国政协礼堂召开纪念《汉语拼音方案》公布 30 周年座谈会。中央有关部门负责人、首都语言学工作者、教育工作者及各界人士约 200 人出席纪念会。会议由国家教委副主任柳斌主持，滕藤、陈原、钱学森、杨泰芳、吕叔湘、艾知生、胡绳、胡乔木等在会上讲话。

12 月

【10 日】李鹏总理主持召开国家机构编制委员会第 11 次会议，审议并批准了国家语委“三定”方案。方案的主要内容是：国家语委是国务院主管全国语言文字工作的部门；其主要职能是：拟定语言文字工作的方针、政策，制定语言文字标准，发布语言文字管理办法，促进语言文字的规范化、标准化。国家语委内设办公室、

普通话推广司、文字应用管理司；下设四个直属事业单位：语言文字应用研究所、语文出版社、语文音像出版社、《语文建设》编辑部。

【本月】国务院批准的国家语委“三定”方案要求：国家语言文字工作委员会应该设兼职委员，兼职委员由国家教委、文化部、广播电影电视部、国家民委、新闻出版署、中国科学院、中国社会科学院、全国总工会、全国妇联、共青团中央、解放军总政治部等 11 个有关单位的负责人和若干语言文字专家担任。

【本年】国家语委举办第八期、第九期中央普通话进修班，81 名学员参加学习。

国家语委举办第五期中央推广普通话干部训练班。来自全国 24 个省（区、市）的 35 名学员参加学习。

1989年

4月

【4日】第七届全国人民代表大会第二次会议通过《中华人民共和国行政诉讼法》。其中第八条规定："各民族公民都有用本民族语言、文字进行行政诉讼的权利。在少数民族聚居或者多民族共同居住的地区，人民法院应当用当地民族通用的语言、文字进行审理和发布法律文书。人民法院应当对不通晓当地民族通用的语言、文字的诉讼参与人提供翻译。"

9月

【11日】国家教委发布《幼儿园管理条例》。条例第十五条规定："幼儿园应当使用全国通用的普通话。招收少数民族为主的幼儿园，可以使用民族通用的语言。"

10月

【8日】国家语委召开电话会议，为从事语言文字工作30年以上的425位语言文字工作者颁发荣誉证书。国家语委副主任王均在会上讲话。

12月

【22日】国务院任命柳斌为国家语委主任，仲哲明为常务副主任。

【28日】国家技术监督局批准国家标准GB/T 12039–1989《信息交换用汉字36×36点阵楷体字模集及数据集》和GB/T 12041–1989《信息交换用汉字48×48宋体字模集及数据集》，自1990年7月1日起实施。

【29日】国家技术监督局批准国家标准GB 1988–1989《信息处理·信息交换用

七位编码字符集》，自 1990 年 7 月 1 日起实施。

【本年】国家语委举办第 10 期、第 11 期中央普通话进修班，90 名学员参加学习。

1990年

1月

【18日】中央人民广播电台为纪念人民广播事业开创50周年举办的首届全国普通话广播大赛在中央电视台进行决赛。

2月

【1日】国家技术监督局发布国家标准GB/T 12200.1–1990《汉语信息处理词汇01部分：基本术语》，自1990年8月1日起实施。

3月

【22日】国家语委、新闻出版署印发《关于修订发布〈标点符号用法〉的联合通知》。

5月

【本月】经国务院批准，国家语委增设文字应用管理司。

6月

【23日】国家科委、中国科学院、国家教委、新闻出版署印发《关于使用全国自然科学名词审定委员会公布的科技名词的通知》。通知强调，各新闻出版单位要带头使用已公布的规范的科技名词。

10月

【23日】国家语委在上海召开全国城市社会推广普通话工作经验交流会。各省

（区、市）、计划单列市、省会市、自治区首府以及八个沿海开放、旅游城市语委或教委的代表，国家教委、交通部、建设部、国家旅游总局和新闻单位的代表共 80 多人参加会议。国家语委主任柳斌、上海市副市长谢丽娟在开幕式上讲话。会议代表交流了社会推广普通话工作情况和经验，现场观摩学习了上海市公安、财贸、公交三个系统的推普活动和经验。

【29 日】国家教委办公厅印发《关于加强义务教育阶段中小学生写字教学的通知》。通知要求，各地区和学校可从实际出发开展写字教学，培养学生养成良好的书写习惯，加强教师的书写教学培训。通知还提出了小学、初中写字教学的内容及要求。

12 月

【29 日】国家教委、国家语委印发《关于小学普及普通话的通知》。通知规定，小学普及普通话分两个阶段，第一阶段师生在教学和集体活动中使用普通话，第二阶段在校园内使用普通话；城市分成不同类别按不同时间段达到上述阶段要求。

【本年】《信息交换用汉字编码字符集·第一辅助集》作为推荐性国家标准发布，自 1990 年 5 月 1 日起实施。

国家语委举办第 12 期、第 13 期中央普通话进修班，86 名学员参加学习。

1991 年

1 月

【26 日】国家语委在北京人民大会堂举行纪念《汉字简化方案》公布 35 周年座谈会。中共中央政治局委员、国务委员、国家教委主任李铁映，第七届人大常委会副委员长孙起孟，第七届全国政协副主席、中国社会科学院院长胡绳，国家教委副主任何东昌，中央有关部委的负责人，各省（区、市）和计划单列市的副省长、副主席、副市长、教委主任等 150 多人出席会议。中共中央顾问委员会常委胡乔木作了书面发言。国家教委副主任、国家语委主任柳斌主持座谈会。

3 月

【27 日】经国家编委批准，增补邮电部、民政部、国家工商行政管理局、国家技术监督局四个单位为国家语委兼职委员单位。

4 月

【23 日】国家语委、国家教委在北京联合召开全国师范院校推广普通话工作汇报会。国家语委常务副主任仲哲明，普通话推广司司长刘照雄、副司长曹澄方，国家教委师范教育司副司长孟吉平等出席会议。会议决定，于 1991 年至 1993 年对全国中等师范学校、师范专科学校的普及普通话工作进行全面检查评估，并就师范院校开设普通话口语训练课和推普工作检查验收等工作作了部署。

6 月

【4 日】国家语委、国家教委印发《关于对中等师范学校普及普通话工作进行检查验收的通知》。通知决定，对全国中等师范学校师生和校级干部掌握和使用普通

话情况、学校推普工作情况进行检查验收。抽查结果于1992年9月21日公布，被抽查的29个省（区、市）的60所学校全部合格。

【5日】全国语委办主任会议在成都召开。各省（区、市）和计划单列市的44名语委和教委的干部出席会议。会议讨论了《国家语言文字工作十年规划和“八五”计划纲要》。

【6日】国家语委、广播电影电视部、新闻出版署、人民日报社、中国语言学会、北京市语言学会在北京人民大会堂联合举行座谈会，纪念《人民日报》1951年6月6日题为《正确地使用祖国的语言，为语言的纯洁和健康而斗争！》的社论发表40周年。座谈会由人民日报社总编辑邵华泽主持，第七届全国人大常委会副委员长孙起孟、中宣部副部长李彦、第七届全国政协外事委员会副主任柴泽民、国家语委常务副主任仲哲明、新闻出版署副署长刘杲、语言学家吕叔湘及有关方面专家、学者50多人出席。同日，《人民日报》发表社论《认真做好语言文字规范化工作》。

【8日】国家语委和建设部在成都联合召开全国城市公共交通系统推广普通话经验交流会。国家语委常务副主任仲哲明、建设部城市建设司副司长赵士琦、国家语委普通话推广司副司长曹澄方等出席会议。成都市公共交通公司以及广州、西安、大连、杭州、上海、青岛等城市的公交系统代表介绍了推广普通话的经验。交流会于10日结束。此后，广州等城市公交车通过电子报站器用普通话报站的经验陆续在全国推广。

【19日】国务院转发国家民委《关于进一步做好少数民族语言文字工作的报告》，提出了新时期民族语文工作的指导思想、基本方针和主要措施，要求各地政府和有关部门重视少数民族语言文字工作，加强领导，给予关心支持。

7月

【2日】全国术语标准化技术委员会主办的“术语学、标准化与技术传播”国际学术会议2日至6日在北京召开。参加会议的有来自13个国家和地区的100多位专家学者。中国科协名誉主席钱三强，国家语委主任柳斌、国家技术监督局副局长罗绍曾出席开幕式并讲话。

【12日】建设部和国家语委印发《关于在全国城市公共交通系统进一步加强推

广普通话工作的通知》。通知提出，“八五”期间要在全国公交系统基本普及普通话；要求各地公交系统要制定推普工作基本要求和普通话服务规范，把推普工作纳入各级管理的岗位责任制，把会说普通话作为考核录用的条件之一，把普通话纳入岗位培训。

8月

【30日】国家技术监督局批准国家标准 GB 3304–91《中国各民族名称的罗马字母拼写法和代码》，自 1992 年 4 月 1 日起实施。

9月

【1日】国家语委和青岛市人民政府联合举办“青岛化工杯”全国普通话电视大赛。国家语委主任柳斌出席开幕式并讲话。来自各省（区、市）的 37 支代表队参加比赛。

10月

【4日】民政部、国家教委、国家语委、中国残联印发《关于在全国推广应用〈中国手语〉的通知》。

【22日】国家语委公布经国务院批准的国家语委委员名单：陈昌本、甘国屏、关涛、李瑞、刘杲、刘奇葆、马立、马庆雄、汝信、田希宝、王佛松、杨贤足、于庆和、张文范、赵可铭、曹先擢、陈原、道布、傅永和、夏青、胡明扬、胡乔木、胡绳、季羡林、李行健、柳斌、刘坚、吕必松、吕叔湘、马大猷、王均、许嘉璐、叶籁士、张志公、仲哲明、周有光、朱德熙，共 37 人。

【本月】中国文字学会在北京成立。第一届理事会会议推举北京大学教授裘锡圭为会长、国家语委文字应用管理司司长王伯熙为秘书长。

11月

【29日】国家语委发文，决定于 1992 年 7 至 8 月对各直辖市、省会城市的社会用字进行检查评比。1994 年 3 月 8 日公布了检查结果。

12月

【3日】全国少数民族语文工作会议在北京召开。会议期间，邀请有关地区的代表和专家学者召开了新创或改进的文字试行和推行工作座谈会和依据《汉语拼音方案》拼写少数民族语地名的座谈会，还成立了五省（区）藏语文协作领导小组协调会。

【6日】国家教委印发《关于全国教育系统进一步加强语言文字规范化工作的通知》。通知要求，到本世纪末，普通话应当成为城市幼儿园和乡中心小学以上各级各类学校的教学语言，有些地区还应要求成为校园语言。

【19日】由国家语委、光明日报社、广播电影电视部总编室、中国书法家协会、北京市语言学会、解放军总政文化部、武警部队政治部文化处等单位联合举办的首届全国规范汉字楷书书法大赛结束。大赛共收到14000件参赛作品。

【本年】国家语委举办第14期、第15期中央普通话进修班，89名学员参加学习。

1992年

1月

【10日】国家语委在北京召开1992年度工作会议，总结经验，部署任务。全国28个省（区、市）和13个计划单列市的语委办负责人出席会议。国家语委常务副主任仲哲明部署了1992年的主要任务。国家语委主任柳斌出席闭幕式并讲话。

3月

【14日】国家教委发布《中华人民共和国义务教育法实施细则》。细则第二十四条规定，实施义务教育的学校在教育教学和各种活动中，应当推广使用全国通用的普通话。师范院校的教育教学和各种活动应当使用普通话。第二十五条规定，用少数民族通用的语言文字教学的学校，应当在小学高年级或者中学开设汉语文课程，也可以根据实际情况适当提前开设。

5月

【25日】商业部和国家语委印发《关于在全国商业系统加强推广普通话工作的通知》。通知要求，省、地、县级商业行政机关、公司分时间段实现会议、宣传、对外交际用语使用普通话；各级领导干部要带头在工作中讲普通话；各类城市的一线职工分时间段做到用普通话接待外地顾客。通知还对建立健全推普工作网络、工作制度和创造良好推普工作环境等作出规定。

7月

【1日】《人民日报（海外版）》由原来使用繁体字排印，改为用规范汉字排印。

【7日】新闻出版署、国家语委印发《出版物汉字使用管理规定》，对报纸、期

刊、图书、音像制品等出版物使用规范汉字作出具体规定。该规定于8月1日起施行。

【9日】国家体委、国家语委印发《关于在各种体育活动中正确使用汉字和汉语拼音的规定》。

【24日】国家教委印发《关于推广小学语文“注音识字，提前读写”教改经验的若干意见》。意见指出，这项实验符合儿童学习语言的规律，有利于学生听说读写能力的协调发展，并对开阔学生视野、开发学生智力具有积极作用，各地应在实验的基础上积极、有计划地推广这项教改经验。

9月

【1日】国家教委师范司印发《高等师范学校学生的教师职业技能训练基本要求（试行稿）》，提出了高等师范学校学生讲普通话和口语表达技能训练、书写“三笔”字和书面表达技能训练等的基本要求。

【21日】国家语委、国家教委印发《关于进一步做好中等师范学校普及普通话工作的通知》。通知提出，要在已有成绩的基础上力争按期实现普通话成为校园语言的目标，并要求正式开设普通话口语训练课、加强教师普通话培训、加强教学和训练的科学性，继续提高普通话教学的水平。

国家语委、国家教委印发《关于对高等师范院校普及普通话工作进行检查评估的通知》。通知规定，检查评估的重点是师范专科学校，条件具备的省市也可检查本科师范院校。

10月

【6日】国家语委在北京召开国家语委全体委员会议，讨论如何进一步做好当前语言文字工作。国家语委常务副主任仲哲明汇报了国家语委近两年工作情况和向国务院呈报《关于当前语言文字工作的请示》的有关情况。国家语委副主任曹先擢就制定《国家语言文字工作十年规划和“八五”计划纲要》的有关问题作了说明。国家语委主任柳斌作总结发言。

【20日】国家语委印发《国家语言文字工作十年规划和“八五”计划纲要》。

国家教委、国家民委发布《关于加强民族教育工作若干问题的意见》。意见提出，在使用民族语言文字教学的地区，要因地制宜地搞好双语文教学，大力推广普通话。

卫生部印发《关于加强药品包装和标签管理的通知》。通知规定，我国生产并在国内销售使用的药品，其包装、标签及使用说明书必须使用中文，并以国家语委公布的规范汉字为准；包装和标签上也可同时加注汉语拼音或外文，但必须以中文为主体；凡在我国市场上销售的进口药品，必须附有中文使用说明书。

【27 日】中国辞书学会在北京成立。国家语委副主任、语言文字应用研究所所长曹先擢出任会长。

11 月

【6 日】国务院印发《国务院批转国家语委关于当前语言文字工作请示的通知》，同意国家语委就大力推广普通话、加强社会用字管理、继续推行《汉语拼音方案》并扩大使用范围、加强语言文字标准的研制、加速语言文字应用管理的立法工作等当前几个重要问题的请示。通知要求，各级语委要充分发挥政府职能部门的作用，加强管理，主动做好协调组织工作；各级人民政府和有关部门要支持语言文字工作，加强领导，做好相关工作。通知明确，少数民族语言文字工作由国家民委负责，有关问题可同国家语委协商解决，妥善处理。

12 月

【14 日】江泽民总书记同国家语委主任柳斌谈对语言文字工作的意见。

【16 日】全国语言文字工作先进单位、先进工作者表彰大会在北京人民大会堂召开。全国各省（区、市）和计划单列市的语委负责人以及先进单位、先进工作者代表共 100 多人出席会议。116 个先进单位和 321 名先进工作者受到表彰。第七届全国人大常委会副委员长孙起孟，第七届全国政协副主席胡绳，中宣部副部长聂大江，广播电影电视部副部长马庆雄，中国社会科学院副院长汝信，邮电部副部长杨贤足，共青团中央书记处书记刘奇葆，国家语委委员马大猷、罗竹风、周有光、王均以及文化部、铁道部、建设部、商业部、人事部、民政部、国家民委、国家体委、新闻出版署、全国总工会、全国妇联、解放军总政治部宣传部等部门的负责人出席。开幕式由国家语委常务副主任仲哲明主持。国家语委主任柳斌向大会传达了江泽民总书记对语言文字工作的三点意见，并作了题为《努力开创语言文字工作的新局面》的报告。

【本年】国家语委举办第 16 期、第 17 期中央普通话进修班，92 名学员参加学习。

1993年

2月

【8日】国家语委普通话推广司、国家教委师范教育司印发《关于全国师范专科学校普及普通话抽查工作的通知》。通知决定，从1993年第四季度起，历时两个月抽查师范专科学校普通话普及工作开展情况、师生普通话口语水平和普通话使用情况，以及校内用字规范化情况。随通知下发了《全国师专普及普通话工作检查评估标准》。

【20日】国家语委、国家教委印发《关于普通中学普及普通话的通知》。通知提出了普通中学普及普通话的要求和进程，规定把普通话普及的要求列入评选文明单位的条件，把普及普通话工作列入校长职责，把用普通话教学列为师生评优评先的条件。

5月

【22日】国家教委印发《师范院校教师口语课程标准（试行）》。标准明确了教师口语课的性质、目的、任务，对教学口语课的课程内容、教学要求、课程实施提出了意见。

6月

【22日】国家语委在广东省召开南方方言区推广普通话工作座谈会。上海、江苏、厦门、广州等16个省（区、市）及计划单列市、经济特区的语委、教委负责人和语言文字工作干部，以及内贸部、广电部、铁道部、邮电部的代表共40余人参加会议。国家教委副主任兼国家语委主任柳斌、广东省副省长兼省语委主任卢钟鹤出席开幕式并讲话。国家语委常务副主任仲哲明作报告。

8 月

【29 日】国务院发布《民族乡行政工作条例》。条例第十四条规定："民族乡的中小学可以使用当地少数民族通用的语言文字教学，同时推广全国通用的普通话。"

12 月

【17 日】国家语委在厦门召开 1993—1994 年度全国语言文字工作会议。各省（区、市）语委办公室、社会用字受检查城市语委办公室主任共 60 余人参加会议。国家语委常务副主任仲哲明、副主任傅永和等出席会议。会议总结了 1993 年全国语言文字工作和全国直辖市、省会、自治区首府城市社会用字检查工作，布置了 1994 年工作任务。

【24 日】国家技术监督局发布国家标准 GB 13000.1-1993《信息技术 · 通用多八位编码字符集（UCS）》，自 1994 年 8 月 1 日起实施。

【25 日】国家语委、国家教委印发《关于职业中学普及普通话的通知》。通知要求，把掌握和使用普通话纳入职业中学的培养目标，作为职业技能训练的一项重要内容，要求幼师类、文秘类、公共服务类专业开设普通话课程，普通话不合格的毕业生必须进行补课和补考，补考合格后方可发给毕业证书。

【本年】国家技术监督局发布国家标准 GB/T 13715-1992《信息处理用现代汉语分词规范》。

国家语委举办第 18 期、第 19 期中央普通话进修班，84 名学员参加学习。

1994年

2月

【14日】国务院批准的国家语委“三定”方案明确，国家语委为国家教委管理的国家局。机构设置有：办公室、普通话推广司、文字应用管理司和机关党委。

【16日】国家语委、国家教委印发《关于进一步做好师范专科学校普及普通话工作的通知》。通知提出了师范专科学校分类分阶段实现普通话成为校园语言的目标，以及不同地区学校的不同达标时限。

3月

【8日】国家语委发文通报全国直辖市、省会、自治区首府城市首次社会用字检查结果。

【16日】国家语委和北京市语委邀请参加全国人民代表大会和全国政治协商会议的部分代表、委员视察北京市社会用字管理工作，并就全国语言文字工作进行座谈。代表、委员听取了北京市语委关于社会用字管理工作汇报，视察了西单北大街的用字情况，认为纠正社会用字混乱现象的工作利国利民，指出要抓住机遇使语言文字工作有所突破。代表、委员决定向全社会发出关于加强语言文字管理、尽快立法的倡议书。

4月

【26日】国务院任命许嘉璐为国家语委主任。

全国自然科学名词审定委员会在北京召开常委会议。会议研究通过了《关于开展海峡两岸科技名词统一工作的意见》，决定加强与台湾地区学者或有关机构的联系，促进海峡两岸名词交流与统一工作。

5月

【17 日】新闻出版署印发《关于新闻出版行政管理部门要带头使用规范字的通知》。通知要求，各新闻出版行政管理部门要把出版物的用字规范化纳入行政管理，要带头执行《出版物汉字使用管理规定》。

6月

【26 日】国家语委印发《关于社会用字管理工作的意见》。意见提出了继续贯彻执行国家现行语言文字方针政策、坚持汉字简化方向、促进社会用字规范和稳定的政策原则，规定了社会用字管理的范围包括计算机、出版物、影视屏幕和城镇街头用字，明确了政府领导、语委统筹、协调各方、齐抓共管的基本模式和堵源截流、标本兼治、区别对待、分类指导的基本方法。

7月

【1 日】中央机构编制委员会办公室印发《关于调整国家语委部分所属事业单位机构编制的批复》。批复同意成立国家语委普通话培训测试中心，同意组建语言文字报刊社。

【13 日】国家语委普通话推广司、国家教委师范教育司印发《师范院校普及普通话工作评估指导标准》，以供各级各类师范院校对普及普通话工作进行日常自我评估。

8月

【21 日】国际标准化组织语言和术语技术委员会 ISO/TC 37 第 11 次会议在挪威奥斯陆举行。会议一致同意中国成为 P- 成员国。1994 年年初，国家语委提出通过国家技术监督局 ISO 中国秘书处，向国际标准化组织语言和术语技术委员会 ISO/TC 37 秘书处申请中国由 O- 成员国（观察员成员国）成为 P- 成员国（正式成员国）。

【23 日】中共中央发布《爱国主义教育实施纲要》。纲要提出“要进行中华民族优秀传统文化教育……要正确使用祖国的语言文字，大力推广普通话”。

9 月

【14 日】国家教委、国家语委印发《关于对普通中小学普及普通话工作进行检查评估的通知》。通知提出了城市、县镇普通中小学分类、分时间段完成检查评估的要求。随文印发了《城镇普通中小学普及普通话工作评估指导标准》。

【29 日】广播电影电视部电影事业管理局印发《关于重申国产影片必须使用普通话和规范汉字的通知》。

【本月】国务院批准调整后的国家语言文字工作委员会委员名单：毕文波、陈昌本、陈原、陈章太、崔明德、道布、傅永和、甘国屏、桂晓风、胡明扬、胡绳、吉炳轩、季羡林、李瑞、李行健、刘坚、吕必松、吕叔湘、马大猷、马立、马庆雄、汝信、王佛松、王均、许嘉璐、杨贤足、于庆和、张连珍、张蒙、张文范、张志公、仲哲明、周有光，共 33 人。

10 月

【15 日】国家语委、中央人民广播电台主办的第三届全国普通话广播大赛决赛在北京举行。全国人大常委会副委员长王光英、广播电影电视部部长孙家正、国家语委主任许嘉璐观看了比赛。

【18 日】中国语文现代化学会在北京举行成立大会，吕叔湘和周有光担任名誉会长，张志公为会长，王均为常务副会长。

【30 日】国家语委、国家教委、广播电影电视部发布《关于开展普通话水平测试工作的决定》。决定明确了现阶段的主要测试对象为中小学教师、师范院校教师和毕业生、县级以上电台电视台播音员和主持人、影视演员和配音演员及相关专业院校毕业生，提出了上述人员的普通话等级要求，规定播音员、主持人、教师等岗位人员从 1995 年起逐步实行持普通话等级证书上岗制度。

12 月

【5 日】国家语委普通话培训测试中心在北京广播学院培训中心举办第一期国家级普通话水平测试员培训班，51 名学员参加培训。

【本年】国家语委举办第 20 期、第 21 期中央普通话进修班，91 名学员参加学习。

1995年

2月

【15日】中共中央政治局委员、国务院副总理李岚清在听取国家语委领导人汇报后指示：推广普通话，公务员要带头。

【27日】中共中央政治局委员、国务院副总理李岚清在国家语委《五省市党政机关推广普通话情况调查报告》上作出重要批示，要求把普通话列入对公务员的要求。

3月

【18日】第八届全国人大三次会议通过《中华人民共和国教育法》。该法第十二条规定："汉语言文字为学校及其他教育机构的基本教学语言文字。少数民族学生为主的学校及其他教育机构，可以使用本民族或者当地民族通用的语言文字进行教学。学校及其他教育机构进行教学，应当推广使用全国通用的普通话和规范字。"

4月

【本月】林炎志被任命为国家语委党组书记。

国家语委文字应用管理司更名为中文信息司，普通话推广司更名为语言文字应用管理司。

5月

【16日】国家教委、民政部、国家语委、新闻出版署、中国残疾人联合会印发《关于在全国试行推广〈汉语双拼盲文方案〉的通知》。

6月

【6 日】新闻出版署发布《社会科学期刊质量管理标准（试行）》。该标准第七条要求期刊文字没有繁简混用情况。

7月

【7 日】国家教委、国家语委印发《关于加强高等学校语言文字规范化工作的几点意见》。意见提出了到本世纪末高等学校普通话普及工作、用字规范化的目标和要求，还要求各高校要成立语委、建立有效的规章制度等。

【17 日】第四次世界妇女大会中国组委会、国家语委印发《关于在第四次世界妇女大会期间正确使用语言文字的通知》。

12月

【13 日】国家技术监督局发布国家标准 GB/T 15834《标点符号用法》，自 1996 年 6 月 1 日起实施。

【25 日】国家语委在北京人民大会堂召开纪念文字改革和汉语规范化工作 40 周年大会。全国人民代表大会常委会副委员长雷洁琼、孙起孟，第八届全国政协副主席钱伟长，国务院副秘书长徐志坚，国家教委副主任柳斌，国家语委主任许嘉璐、党组书记朱新均及中央和国家各有关部委负责人，国家语委委员，各省（区、市）和计划单列市语委办主任，语言学界和信息界的专家学者，首届全国语言文字应用学术研讨会的部分代表，共 300 多人出席大会。中共中央政治局委员、国务院副总理李岚清出席大会并讲话。大会对在语言文字管理工作中作出显著成绩的北京市副市长胡昭广、上海市副市长谢丽娟、贵阳市副市长王选才、唐山市人大常委会副主任冯国安和为领导干部带头讲普通话作出表率的广州市市长黎子流进行表彰。国家语委主任许嘉璐作总结发言。

【26 日】国家语委在北京召开全国省（区、市）及计划单列市语委办主任工作会议。国家语委主任许嘉璐作工作报告，国家语委党组书记朱新均讲话，国家语委副主任孟吉平作会议小结。

【本月】朱新均被任命为国家语委党组书记。

【本年】国家语委普通话培训测试中心举办三期国家级普通话水平测试员培训班。学员共216名，其中204名学员获得测试员资格证书。

国家语委举办第22期、第23期中央普通话进修班，97名学员参加学习。

1996年

1月

【22日】国家技术监督局发布GB 16159–1996《汉语拼音正词法基本规则》，自1996年7月1日起实施。

3月

【8日】在全国政协八届四次会议上，钱正英、钱伟长、曹其真等委员发言强调要重视语言文字工作。金开诚、李汉秋、蔡义江、黄景钧、汪东林五位委员以《语言的健康和规范应引起全社会的重视》为题作了联合发言，指出当前语文生活中存在的诸多不容忽视的问题，提出了解决这些问题的五项建议。

【9日】国家教委发布《幼儿园工作规程》。文件要求，幼儿园应当使用全国通用的普通话；招收少数民族幼儿为主的幼儿园可使用当地少数民族通用的语言。

国家教委发布《小学管理规程》。文件规定，小学的基本教学语言文字为汉语言文字；学校应推广使用普通话和规范字；招收少数民族学生为主的学校可使用本民族或当地民族通用的语言文字进行教学，并根据实际情况在适当年级开设语文课程。

【本月】在第八届全国人民代表大会第四次会议上，227名代表提出了要求语言文字立法的议案七件。国家语委同意制定《中华人民共和国语言文字法》，并建议由全国人大教科文卫委员会牵头起草，国家语委配合。

5月

【本月】国务院任命朱新均为国家语委副主任。

6月

【5日】国家语委语言文字应用管理司印发《关于在清理带有不良文化倾向的商品名、商标名、店铺名过程中加强社会用字管理工作的紧急通知》。

【7日】国家语委召开全体委员会议。国家语委主任许嘉璐主持会议。会议审查并原则通过了《“九五”期间国家语言文字工作计划》。

【18日】民政部发布《地名管理条例实施细则》。实施细则对地名的命名与更名、地名的标准化处理、标准地名的使用、地名标志的设置、地名档案的管理等作出规定，明确《汉语拼音方案》是使用罗马字母拼写中国地名的统一规范。

【24日】国家语委在洛阳召开全国语言文字宣传信息工作会议。会议主要讨论了语言文字在精神文明中的作用，要求大力宣传文明规范使用语言文字。

7月

【15日】国家语委办公室印发《国民经济和社会发展第九个五年计划期间国家语言文字工作计划》，总结了“八五”期间的主要成绩，提出了“九五”期间的工作方针和工作任务。

【18日】中国人民银行办公厅印发《关于金融系统要带头使用规范汉字的通知》。通知要求，金融系统带头执行国家语言文字方针政策、规范标准，带头使用规范汉字，对全社会语言文字规范化起到示范作用。

9月

【11日】全国广播影视语言工作会议在北京召开。广播电影电视部部长孙家正和国家语委主任许嘉璐在会上讲话。孙家正在讲话中要求，加强播音员主持人的选拔、培养、考核工作，建立对广播影视使用语言文字的监督机制。

【26日】国家教委、国家语委印发《关于印发〈职业中学普通话教学基本要求〉的通知》。通知对师范类专业、与口语表达密切相关的专业和一般专业分别提出要求开设普通话课程和学生普通话水平达标的要求。

【27日】国家教委、国家语委印发《职业中学普及普通话工作评估指导标准》，为职业中学实现普通话成为校园语言、进行形成性自我评估提供标准。

10月

【21 日】民政部印发《关于加强城镇建筑物名称管理的通知》。通知要求，建筑物名称要严格按照规范汉字书写，禁止使用不规范字。

【28 日】第八届全国人大常委会第二十二次会议审议了全国人大教科文卫委员会对代表提案处理意见的报告，同意由全国人大教科文卫委员会牵头起草《中华人民共和国语言文字法》，并列入 1997 年全国人大常委会的立法计划。起草小组由全国人大教科文卫委员会教育室的人员和国家语委的人员等组成。

11月

【1 日】国家工商行政管理局印发《关于规范企业名称和商标、广告用字的通知》。通知要求，加强宣传教育，强化企业名称登记管理，严格执行商标法，坚决抵制不良文化倾向，依法加强广告监督管理，以规范企业名称和商标、广告用字。

【本年】国家语委举办第 24 期中央普通话进修班，48 名学员参加学习。

国家语委普通话培训测试中心举办三期国家级普通话水平测试员培训班，185 名学员参加学习。

1997年

1月

【6日】国务院召开第134次总理办公会议，听取了国家语委主任许嘉璐关于语言文字工作的汇报。会议由李鹏总理主持。会议指出，要继续加大推广普通话和社会用字管理工作的力度。推广普通话关系到社会的进步和经济的发展，应当有计划、有法规，长期开展下去。推广普通话，关键是要培养师资队伍。在少数民族聚居地区要坚持双语教学的方向。社会用字包括公共场所、出版物、影视屏幕、公文告示用字等，都必须正确使用经中央人民政府批准的简化字，用词也要规范，要提高到维护我国语言文字的纯洁性和增强中华民族凝聚力的高度来认识这个问题。有关语言文字工作的学术问题可以探讨、争论和研究，但宪法、法律和国家制定的方针政策，必须坚决贯彻执行。会议研究了拟开展的全国推广普通话宣传周、语言文字使用情况调查和拟召开的全国语言文字工作会议等问题。

【13日】《中华人民共和国语言文字法》起草工作正式启动。《中华人民共和国语言文字法》第一次起草会召开，讨论了立法依据、立法原则和指导思想、法律的基本框架和主要内容。

3月

【12日】铁道部运输局发布《快速列车及夕发朝至列车管理办法》。办法要求，工作人员服务时应讲普通话。

【24日】广播电影电视部、国家语委印发《关于建立广播电影电视系统普通话水平测试工作领导小组和测试站的通知》。通知要求，各省（区、市）广播影视厅（局）应成立普通话水平测试领导小组并建立普通话水平测试站，并对测试站的职责、组建条件和人员组成作出规定。

4 月

【7 日】国家语委、新闻出版署印发《现代汉语通用字笔顺规范》。

6 月

【26 日】国家语委印发《关于颁布〈关于普通话水平测试管理工作的若干规定（试行）〉的通知》，对普通话水平测试工作的机构和网络建设、测试的标准和大纲、测试成绩的认定和证书、测试试卷、测试对象及其达标要求等各管理环节作出规定。

7 月

【11 日】广播电影电视部、国家语委印发《关于成立普通话水平测试实验室的通知》，决定在北京广播学院成立“广播电影电视部、国家语言文字工作委员会普通话水平测试实验室”。

8 月

【11 日】国务院发布《广播电视管理条例》。条例要求，广播电台、电视台应当使用规范的语言文字，广播电台、电视台应当推广全国通用的普通话。

9 月

【23 日】全国人大教科文卫委员会第 49 次会议审议通过经过 19 次修改的《中华人民共和国语言文字法（草案）》，并建议尽早提交全国人大常委会审议。

12 月

【1 日】国家语委发布 GF 3001-1997《信息处理用 GB 13000.1 字符集汉字部件规范》，自 1998 年 5 月 1 日起实施。

【5 日】国家语委发布《普通话水平测试等级标准（试行）》。该标准把普通话水平划分为三级，每个级别内划分为甲、乙两个等次。

【23 日】经国务院批准，全国语言文字工作会议在北京人民大会堂召开，这是

继1986年全国语言文字工作会议之后召开的又一次全国性的重要会议。国家语委主任许嘉璐、党组书记朱新均、副主任孟吉平、傅永和，广播电影电视部部长孙家正，国家教委副主任柳斌，国家有关部门和各省（区、市）的代表300多人参加大会。国务院副秘书长李树文宣读了中共中央政治局常委、国务院副总理李岚清的书面讲话。国家语委主任许嘉璐作了题为《开拓语言文字工作新局面，为把社会主义文化建设事业全面推向21世纪服务》的工作报告，总结了自1986年全国语言文字工作会议以来语言文字工作取得的成绩、经验，确定了新世纪语言文字工作的指导思想，提出了到2010年以前，制定并完善系列法规，普通话在全国范围内初步普及，汉字社会应用基本规范等跨世纪语言文字工作目标。会议提出了当前语言文字工作的主要任务：坚持普通话的法定地位，大力推广普通话；坚持汉字简化的方向，努力推进全社会用字规范化；加大中文信息处理的宏观管理力度，逐步实现中文信息技术产品的优化统一；继续推行《汉语拼音方案》，扩大使用范围。孙家正、柳斌分别就加强广播电视系统和教育系统语言文字工作作了讲话。会议表彰了12位语言文字工作优秀领导干部，201个语言文字工作先进集体和373名先进个人。

【27日】国家语委在北京召开语言文字工作现场会。出席全国语言文字工作会议的代表们听取了北京市有关单位关于开展语言文字工作的情况介绍，考察了一些窗口单位。国家语委主任许嘉璐、党组书记朱新均、副主任孟吉平、傅永和，北京市副市长胡昭广等出席现场会。

【30日】广播电影电视部人事司发布《关于进一步做好播音员主持人持证上岗工作的几点意见》，以进一步做好播音员主持人普通话测试及持证上岗考核管理工作。

【31日】国家工商行政管理局发布《店堂广告管理暂行办法》。办法要求，店堂广告使用文字、汉语拼音、计量单位等，应当符合国家有关规定，书写要规范准确。

【本年】国家语委普通话培训测试中心举办七期国家级普通话水平测试员培训班，630名学员参加学习。

国家语委举办第25期中央普通话进修班，53名学员参加学习。

1998年

1月

【15日】国家工商行政管理局发布《广告语言文字管理暂行规定》，旨在促进广告语言文字使用的规范化、标准化，要求广告语言文字表述清晰、准确、完整，避免误导消费者。

2月

【9日】国家语委印发《关于颁布〈城市社会用字管理工作评估指导标准（试行）〉的通知》，对1996年5月颁布的《城市社会用字管理工作评估（试行）》进行了修订。其中对社会用字领域中的手书字要求，提出了“题字、题词提倡写简化字，但不苛求”的原则；手书的店名凡使用繁体字的，应当在明显的位置再配放用规范字标注的店名。

【11日】纪念《汉语拼音方案》公布40周年座谈会在北京召开。国家语委主任许嘉璐、副主任傅永和，周有光、王均等专家学者30余人出席会议。与会专家呼吁国家应在汉语拼音的研究和应用方面加大投入和推行的力度。

3月

【17日】中宣部、国家教委、广播电影电视部、国家语委印发《关于开展全国推广普通话宣传周活动的通知》。全国推广普通话宣传周（简称“全国推普周”）活动的宗旨是：通过多种形式的宣传活动，向全社会广泛宣传大力推广普通话对于社会主义现代化建设的必要性、迫切性，进一步提高广大干部群众的语言规范意识和“推普”参与意识，在全社会形成说普通话的风气，推动推广普通话工作向纵深发展。全国推普周活动由国家语委牵头，中宣部、国家教委、广播电影电视部与国家语委合作组织。国家语委设立全国推普周活动办公室。

【本月】国家语委普通话培训测试中心与澳门理工学院签订关于合作开展普通话培训与测试的协议书。

5月

【8日】国家语委语用司、教育部对外汉语教师资格审查委员会办公室印发《关于对1998年申报对外汉语教师资格人员进行普通话水平测试的通知》。通知决定，自当年起对申报对外汉语教师资格人员进行普通话水平测试。

【12日】国家语委印发《首届全国推广普通话宣传周宣传提纲》和《首届全国推广普通话宣传周宣传口号》。

【19日】首届全国推广普通话宣传周活动电视电话会议在北京召开。第九届全国人大常委会副委员长、国家语委主任许嘉璐，中共中央宣传部副部长刘鹏分别就开展推广普通话宣传周活动的意义作了论述，并提出开展活动的要求。

6月

【8日】国家语委在福州召开部分省市语委办负责人座谈会。会议进一步明确了社会用字管理工作的政策，突出了管理工作的重点。

7月

【21日】国务院办公厅印发《关于印发教育部职能配置内设机构和人员编制规定的通知》，确定国家语言文字工作委员会并入教育部，对外保留国家语言文字工作委员会的牌子。国务院机构改革后，教育部是主管全国教育事业和语言文字工作的国务院组成部门。原由国家民委指导开展的少数民族语言文字规范标准制定和信息处理工作划转教育部管理。教育部内设语言文字应用管理司（简称“语用司”）和语言文字信息管理司（简称“语信司”）。教育部关于语言文字工作的主要职能：拟定国家语言文字工作的方针政策；编制语言文字工作中长期规划；制定汉语和少数民族语言文字的规范标准，并组织协调监督检查；指导推广普通话和普通话测试工作。

9月

【13 日】首届全国推普周活动在各地展开。本届推普周活动的主题是“推广普通话，促进语言文字规范化”。全国各地开展了形式多样的宣传活动。多数省（区、市）的主管领导发表署名文章或广播电视讲话，参加街头咨询活动。新闻媒体广泛开展宣传报道。中央电视台、中央人民广播电台、中国教育电视台播出推普专题节目、推普公益广告。国家邮政局发行首届全国推普周邮资明信片。各地举行第二届全国公务员普通话大赛选拔赛。《人民日报》《光明日报》等多家报刊发表文章。

【16 日】首届全国推广普通话宣传周座谈会在北京人民大会堂召开。第九届全国人大常委会副委员长、国家语委主任许嘉璐，中宣部副部长刘鹏，教育部副部长吕福源，人事部副部长戴光前，广电总局副局长同向荣，团中央书记处书记胡春华，北京市政府副秘书长王伟及各界代表人士出席座谈会。座谈会由第九届全国政协委员、原国家语委党组书记朱新均主持，许嘉璐、吕福源讲话。

【24 日】全国人大教科文卫委员会召开全体会议，讨论修改后的《中华人民共和国语言文字法（草案）》。与会代表认为该草案比较成熟，建议尽早提交全国人大常委会审议。

由教育部、人事部、国家语委、国家广电总局、广东省人民政府、广州市人民政府联合主办的第二届全国公务员普通话大赛在广州举办。全国各省（区、市）和解放军、东道主广州市共 33 个代表队参加比赛。

教育部、国家语委印发《关于印发〈中国语言文字使用情况调查实施方案〉的通知》。通知明确了调查内容、调查对象及范围、调查方法、调查的组织领导、调查队伍、工作步骤及经费等问题。调查工作从 1998 年开始。

12月

【2 日】教育部印发《特殊教育学校暂行规定》。规定要求，特殊教育学校的基本教学语言文字为汉语言文字。学校应当推广使用全国通用的普通话和规范字以及国家推行的盲文、手语。招收少数民族学生为主的学校，可使用本民族或当地民族通用语言文字和盲文、手语进行教学，并应根据实际情况在适当年级开设汉语文课程，开设汉语文课程应当使用普通话和规范汉字。

【14 日】国家语委组织的城市语言文字工作观摩研讨会在上海召开。第九届全国政协委员、原国家语委党组书记朱新均，上海市副市长、语委主任周慕尧出席会议并讲话。全国各省（区、市）和省会、自治区首府、计划单列市，及新疆生产建设兵团语委办负责人出席。

【本年】国家语委、教育部对外汉语教师资格审查委员会印发《关于 1998 年开展对外汉语教师资格审查工作的通知》。通知规定，申报对外汉语教师资格的人员，必须获得国家语委颁发的二级甲等以上普通话水平等级证书。

全国科学技术名词审定委员会根据 1997 年 8 月 IUPAC 推荐的 101–109 号元素的英文名称重新审定了相应的中文名称，分别是：钔（101）、锘（102）、铹（103）、铲（104）、𨧀（105）、𨭎（106）、𨨏（107）、𨭆（108）、鿏（109）。

国家语委普通话培训测试中心举办九期国家级普通话水平测试员培训班，789 名学员参加培训，其中 751 名学员获得测试员资格证书。

国家语委主办的中央普通话进修班在北京举办，50 名学员参加学习。

1999年

1月

【13日】国务院批转教育部《面向21世纪教育振兴行动计划》。振兴行动计划第一部分第七条提出，到2010年在全国实现语言文字应用基本规范化的目标。

2月

【5日】教育部、国家语委发布《关于进一步发挥城市的中心作用，全面推进语言文字工作的意见》。意见提出了城市语言文字工作的目标要求、各类城市达标的时间要求、城市语言文字工作的重点，并规定逐步实施城市语言文字工作综合评估。

3月

【21日】教育部办公厅发布《中国少数民族中小学汉语课程标准（试行草案）》。

4月

【6日】国家语委在北京举办第27期中央普通话进修班，53名学员参加学习。

5月

【5日】国家语委调整国家语委科研规划领导小组和语言文字规范标准审定委员会。国家语委科研规划领导小组办公室设在教育部语信司规划协调处。国家语委语言文字规范标准审定委员会办公室设在教育部语信司标准处。

中国语言文字使用情况调查指导小组成立，并召开第一次会议。指导小组由教育部、国家语委、国家民委、公安部、民政部、财政部、农业部、文化部、国家广电总局、国家统计局、中国社会科学院等单位的负责人组成。会议主要听取了调查办公室工作汇报，就调查实施方案的执行情况进行了审议。

【7日】最高人民检察院办公室印发《关于在检察系统做好推广普通话工作的通知》。通知号召，检查干警在诉讼活动中特别是在庭审活动中尽可能说普通话，不断规范诉讼活动中的用语用字。

【12日】人事部、教育部、国家语委印发《关于开展国家公务员普通话培训的通知》。通知规定，各地各部门要加强对公务员普通话的培训；原则要求1954年1月1日以后出生的公务员达到普通话三级甲等以上水平；国家公务员在公务活动中应当自觉使用普通话；各地各部门要逐步将普通话作为考核公务员能力水平的内容之一。

6月

【13日】中共中央、国务院印发《关于深化教育改革，全面推进素质教育的决定》，其中要求重视培养学生语言文字表达能力。

【14日】全国推普周领导小组成立。教育部部长陈至立任组长，教育部副部长吕福源，第九届全国政协委员、原国家语委党组书记朱新均，中宣部副部长刘鹏，人事部副部长戴光前，国家广电总局副局长同向荣，解放军总政宣传部副部长徐天亮任副组长。领导小组办公室设在教育部语用司。

7月

【20日】教育部、国家语委、国家民委、公安部、民政部、财政部、农业部、文化部、国家广电总局、国家统计局、中国社会科学院等11个部委局的办公厅印发《关于开展中国语言文字使用情况调查的通知》。

【本月】国家语委普通话培训测试中心分别在澳门理工大学、日本大学、香港教育学院、香港大学、香港普通话研习社举办汉语普通话进修班、测试班。

8 月

【5 日】中国语言文字使用情况调查领导小组和指导小组召开联席会议。会议肯定了调查办公室准备阶段的工作，认为准备工作已经成熟，可以在全国范围内正式启动。

【9 日】中国语言文字使用情况调查启动仪式在北京举行。第九届全国人大常委会副委员长、国家语委主任许嘉璐，教育部副部长吕福源出席并讲话。这项调查工作的目的是了解中国国民使用语言文字的实际情况、习惯和态度，填补中国国情调查中语言文字使用情况调查的空白。重点调查普通话、汉语的近百种方言和 60 余种少数民族语言的使用情况，简化字、繁体字和 30 余种少数民族文字以及汉语拼音的使用情况。调查对象为全国各省（区、市）年龄在 15 至 69 周岁的中国公民。调查采用抽样的方法，样本量约为 60 万个。

【23 日】民政部办公厅、教育部办公厅和国家语委印发《关于做好中国语言文字使用情况调查的通知》。

9 月

【12 日】第二届全国推普周活动在各地展开。本届推普周活动的主题是“推广普通话，迎接新世纪”。中共中央政治局常委、国务院副总理李岚清发表了题为《大力推广普通话，促进语言文字规范化，为现代化建设营造良好的语言环境》的讲话。14 日，第二届全国推普周座谈会在北京人民大会堂举行。第九届全国人大常委会副委员长、国家语委主任许嘉璐以及全国政协、中华全国总工会、共青团中央、全国少先队工委、全国妇联等有关方面负责人出席座谈会。15 日，第二届全国推普周朗诵艺术欣赏会在北京举行。

【24 日】中国残联、教育部、国家语委印发《关于暂缓在盲校中推行汉语双拼盲文的通知》。

10 月

【1 日】国家语委发布 GF 3002-1999《GB1 3000.1 字符集汉字笔顺规范》、GF 3003-1999《GB1 3000.1 字符集汉字字序（笔画序）规范》、GF 3004-1999《印刷魏体字形规范》、GF 3005-1999《印刷隶体字形规范》，均自 2000 年 1 月 1 日起实施。

【31日】国务院发布《关于国家行政机关和企业事业单位社会团体印章管理的规定》。规定要求，国家行政机关和企业事业单位社会团体印章所刊汉字，应当使用国务院公布的简化字，字体为宋体；实行民族区域自治的地方人民政府的印章，可以并刊汉字和相应的民族文字。

12月

【8日】国家工商行政管理局发布《企业名称登记管理实施办法》，要求企业名称应当使用符合国家规范的汉字，不得使用汉语拼音字母、阿拉伯数字。

【14日】全国学校语言文字工作会议在北京召开。全国各省（区、市）教育厅（教委）主管语言文字工作的副厅长（省语委副主任）、语委办公室主任和教育部有关司局负责人出席会议。教育部部长陈至立致开幕词，教育部副部长吕福源作了题为《做好学校语言文字工作，为全面推进素质教育，实现新世纪语言文字工作目标而奋斗》的讲话。第九届全国政协委员、原国家语委党组书记朱新均作总结讲话。会议总结了50年来的学校语言文字工作，并部署了当前和今后一个时期的工作。

【本年】国家语委普通话培训测试中心举办三期国家级普通话水平测试员培训班，272名学员参加培训，其中271名学员获得测试员资格证书。

2000年

1月

【19日】民政部、公安部发布《民办非企业单位印章管理规定》。规定要求，实行民族区域自治的地方的民办非企业单位的印章应当并列刊汉文和当地通用的民族文字；有国际交往的民办非企业单位印章，需要刻制外文名称的，将核准登记注册的中文名称译成相应的外国文字，并列刊汉文和外文；印章印文中的汉字，应当使用国务院公布的简化字，字体为宋体。

2月

【29日】教育部、国家语委印发《关于进一步加强学校普及普通话和用字规范化工作的通知》。通知对进一步加强学校普及普通话和用字规范化工作提出加强宣传教育、师生普通话达标要求、深化语文教学改革、实施学校语言文字工作评估等措施。

教育部、国家语委印发《一类城市语言文字工作评估标准（试行）》及其实施细则。

全国推普周领导小组决定，增补文化部为全国推普周领导小组成员单位。

【本月】全国人大常委会召开委员长会议。会议决定，鉴于少数民族语言文字问题具有特殊性，将拟订中的《中华人民共和国语言文字法》改为《中华人民共和国国家通用语言文字法》。

3月

【9日】民政部、交通部、国家工商局、国家技监局印发《关于在全国城市设置标准地名标志的通知》。

【17 日】国家质量技术监督局和信息产业部联合发布 GB/T 18030–2000《信息交换用汉字编码字符集基本集的扩充》（自 2000 年 3 月 17 日实施）和《数字键盘汉字输入通用要求》（自 2000 年 7 月 1 日实施）。

【23 日】国务院任命王湛为国家语委主任。

【24 日】教育部语用司在长沙召开 2000 年度全国语委办主任工作会议。第九届全国政协委员朱新均出席会议并讲话。会议围绕城市语言文字工作评估和贯彻学校语言文字工作会议精神等议题进行了讨论。

4月

【25 日】民政部、教育部、国家语委印发《关于开展全国政区名称用字读音审定工作的通知》，批准成立全国地名用字读音审定委员会，启动全国政区名称用字读音审定工作。

5月

【18 日】中央金融工委、教育部、国家语委印发《关于加强金融系统语言文字规范化工作的通知》。通知规定，除特殊需要外，金融系统所有员工在工作中均需使用普通话，直接面向客户服务的员工普通话水平应不低于三级甲等，公文标牌等必须使用规范汉字。

【31 日】铁道部、教育部、国家语委印发《关于进一步加强铁路系统语言文字规范化工作的通知》。通知要求，把普通话作为全路工作用语，把规范汉字作为全路公务用字；将在公务中使用普通话列入服务规范，站、车广播员普通话水平应不低于二级甲等。

6月

【28 日】国家邮政局、教育部、国家语委印发《关于加强邮政系统语言文字规范化工作的通知》。通知要求，在邮政系统实现所有员工以普通话为工作用语、以规范汉字为工作用字，将普通话水平达标列入岗位技术标准，将在公务中使用普通话列入服务规范。

9月

【10 日】第三届全国推普周活动在各地展开。本届推普周活动的主题是“推广普通话，迈向新世纪”。教育部、国家语委、北京市语委和北京市西城区人民政府在北京联合举行开幕式和大型群众性宣传咨询活动。第九届全国人大常委会副委员长许嘉璐，教育部副部长、国家语委主任王湛以及中宣部、人事部、文化部、国家广电总局、解放军总政宣传部、中共北京市委宣传部、教育部语用司等部门负责人出席。中央电视台和中国教育电视台播出推普公益广告和系列专题片。《光明日报》《中国教育报》发表系列宣传文章。

【23 日】教育部发布《〈教师资格条例〉实施办法》。实施办法提出，申请教师资格者应当达到普通话二级乙等以上标准；少数方言复杂地区教师的普通话水平应当达到三级甲等以上标准；使用汉语和当地民族语言教学的少数民族自治地区的教师的普通话水平，由省级人民政府行政部门制定。

10月

【31 日】第九届全国人大常委会第十八次会议审议通过《中华人民共和国国家通用语言文字法》（简称《国家通用语言文字法》）。该法根据宪法制定，体现了国家的语言文字方针、政策，科学地总结了新中国成立 50 多年来语言文字工作的成功经验，是我国历史上第一部语言文字的专门法律。该法包括总则和国家通用语言文字的使用、管理、监督以及附则等四章二十八条，明确了普通话和规范汉字作为国家通用语言文字的法律地位，对党政机关、学校、新闻媒体和公共服务行业等领域的国家通用语言文字使用作出规定，对播音员、节目主持人和影视话剧演员、教师、国家机关工作人员的普通话水平提出达标要求，明确了相关部门的职责，还规定了方言和繁体字、异体字的使用范围，对中国境内汉语文出版物和广播影视中使用外国语言文字的情况也作了原则规定。该法自 2001 年 1 月 1 日起施行。

11月

【14 日】中宣部、全国人大教科文卫委员会、教育部、司法部、国家语委印发《关于学习宣传和贯彻实施〈中华人民共和国国家通用语言文字法〉的通知》，对各地学习贯彻《国家通用语言文字法》提出了要求。通知还要求各地结合本地实际情况，

制定语言文字方面的地方性法规、规章，逐步把语言文字工作全面纳入法制轨道。

12月

【13日】国家语委咨询委员会在北京成立并举行第一次会议。教育部副部长、国家语委主任王湛出席会议，并就咨询委员会的职责、任务、运作方式和近期工作发表讲话。第九届全国人大常委会副委员长许嘉璐任咨询委员会主任，第九届全国政协委员朱新均任副主任，咨询委员有马颂德、江蓝生、汪成为、顾冠群、王均、陈章太、曹先擢、仲哲明、孟吉平、傅永和、裘锡圭、陆俭明、李行健、邢福义、戴昭铭、姚喜双。

【21日】全国人大教科文卫委员会、教育部和国家语委在北京人民大会堂联合召开学习宣传、贯彻实施《国家通用语言文字法》座谈会。第九届全国人大常委会副委员长许嘉璐，第九届全国人大常务委员会委员、教科文卫委员会主任委员朱开轩，第九届全国人大常委、教科文卫委员会副主任委员汪家镠，第九届全国人大教科文卫委员会委员柳斌，第九届全国人大教科文卫委员会委员陶西平，中宣部副部长高俊良，教育部副部长、国家语委主任王湛，司法部副部长刘飏，第九届全国政协常委楚庄，中国社科院副院长江蓝生，以及国家经贸委、人事部、信息产业部文化部、国家广播电影电视总局、新华社、新闻出版署、国家工商行政管理局、解放军总政治部等部委的有关负责同志出席座谈会。许嘉璐、王湛、高俊良、江蓝生等在会上发言。

【本年】“中国语言文字使用情况调查”在各省（区、市）按规定进行抽样，开展入户调查和抽样调查。全国语言文字使用情况调查领导小组办公室举办两期调查数据录入统计培训班。各地按要求进行统计录入工作。截至年底，半数以上的省（区、市）完成了这项工作。

国家语委普通话培训测试中心举办两期国家级普通话水平测试员培训班。共有229名学员参加培训，其中206名学员获得测试员资格证书。

国家语委普通话培训测试中心分别在香港大学、香港教育学院、香港普通话研习社举办普通话课程培训班。

2001年

2月

【14日】中国国家质量技术监督局宣布开通《中文域名规范》国家标准试验系统。

【23日】教育部、国家语委发布GF 3006–2001《汉语拼音方案的通用键盘表示规范》，自2001年6月1日起实施。

3月

【17日】教育部语用司在桂林市召开2001年度地方语委办主任会暨普通话水平测试工作汇报会。教育部副部长、国家语委主任王湛在会上作了题为《认清形势，真抓实干，开创语言文字工作新局面》的报告。会议回顾和总结了“九五”期间语言文字工作的成绩和经验，分析了“十五”期间语言文字工作面临的形势，明确了“十五”期间语言文字工作的目标和主要任务；会议交流了2000年工作经验，部署了2001年工作。

【23日】广电总局印发《关于检查播音员、主持人持证上岗制度落实情况的通知》。通知要求，加快落实省级以下电台、电视台播音员和主持人普通话水平测试和持证上岗工作。

4月

【2日】信息产业部、教育部、国家语委印发《关于认真做好信息产业系统语言文字规范化工作的通知》。通知要求，在信息产业系统实现所有员工以普通话为工作用语，以规范汉字为公务用字。

【4日】国务院任命袁贵仁为国家语委主任。

【10日】国务院批转《中国残疾人事业“十五”计划纲要（2001年—2005年）》，提出了关于推广盲文手语的目标和原则。

【本月】全国人大教科文卫委员会和教育部联合对陕西、甘肃、湖北、湖南四省进行了《国家通用语言文字法》宣传贯彻情况调研。

国家语委普通话培训测试中心并入教育部语言文字应用研究所（简称“教育部语用所”），对外挂“国家语委普通话与文字应用培训测试中心”的牌子。

5月

【29日】国务院发布《关于基础教育改革与发展的决定》。决定要求，认真贯彻实施《国家通用语言文字法》，进一步加强中小学推广普通话、用字规范化工作，推广普及国家通用语言文字；把普及普通话、用字规范化纳入教育教学要求，提高学生语言文字应用能力和规范意识。

6月

【1日】文化部、教育部、国家语委印发《关于在文化系统贯彻实施〈中华人民共和国国家通用语言文字法〉的通知》。通知要求，把普通话作为各级文化行政部门工作用语、文化部门的服务用语，把规范汉字作为文化系统的公务和服务用字。

【26日】解放军总政治部印发《关于学习贯彻〈中华人民共和国国家通用语言文字法〉的意见》。

7月

【27日】教育部、国家语委印发《国家语言文字工作“十五”计划》。计划总结了“九五”期间语言文字工作的进展，提出了“十五”期间语言文字工作的指导思想、目标、主要任务和措施。

8 月

【27 日】教育部、国家语委印发《国家语言文字工作委员会科研项目管理办法》《国家语言文字工作委员会科研规划领导小组职责与构成》。国家语委科研规划领导小组组长由国家语委主任担任，副组长由教育部语信司司长、语用司司长担任。

教育部、国家语委印发《国家语言文字工作委员会语言文字规范(标准)管理办法》《国家语言文字工作委员会语言文字规范（标准）审定委员会章程》等文件。

9 月

【3 日】教育部、国家语委印发《关于开展城市语言文字工作评估的通知》。通知提出了城市评估的实施步骤：一类城市（直辖市、省会、自治区首府、计划单列市的城区部分）2003 年左右基本完成评估工作；二类城市（一般地级市城区、地区行署所在城区、一类城市所辖地级郊区或县政府所在城镇）2005 年左右基本完成评估工作；三类城市（县级政府所在城镇）2010 年左右基本完成评估工作。通知规定，城市评估工作实行分级组织，属地管理，分工负责。

【4 日】教育部语用司印发《一类城市语言文字工作评估操作办法》。办法规定了评估的范围、内容、程序和上级评估的操作办法。

【8 日】第四届全国推普周活动在各地展开。本届推普周活动的主题是“宣传贯彻《国家通用语言文字法》，大力推广普通话，促进语言文字规范化”。第九届全国人大常委会副委员长许嘉璐，教育部副部长、国家语委主任袁贵仁出席在重庆举办的开幕式。《人民日报》《光明日报》《中国教育报》等报刊组织了“国家通用语言文字法及语言文字规范知识竞赛”及推普宣传画和文艺作品征集活动；中央电视台等播出推普公益广告。重点活动在广州举办。

【10 日】香港特别行政区将每年的 9 月 13 日定为普通话日。

【18 日】教育部、国家语委在哈尔滨召开全国城市语言文字工作评估观摩研讨会。教育部副部长、国家语委主任袁贵仁发表书面讲话，对城市语言文字评估作出全面部署。与会人员交流了各地评估工作进展情况，观摩了黑龙江省语委组织的对哈尔滨市的检查评估。

【20日】教育部办公厅授权青海省教育厅颁布《五省区九年义务教育六年制小学藏语文教学大纲》《全日制初级中学藏语文教学大纲》和《全日制高级中学藏语文教学大纲》。

10月

【本月】教育部语信司成立民族语言文字信息管理办公室。

11月

【22日】国家语委21世纪第一届语言文字规范（标准）审定委员会成立。教育部副部长、国家语委主任袁贵仁任主任。

12月

【19日】教育部、国家语委发布GF 1001-2001《第一批异形词整理表》，自2002年3月31日起试行。

教育部、国家语委发布GF 2001-2001《GB 13000.1字符集汉字折笔规范》，自2002年3月31日起实施。

【23日】国家广电总局发布《播音员主持人持证上岗规定》。规定要求，取得播音员资格，普通话水平要达到规定的标准。

【本年】国家语委普通话与文字应用培训测试中心举办四期国家级普通话水平测试员培训班，469名学员参加培训，395名学员获得测试员资格证书。

2002 年

1 月

【7 日】国家语委咨询委员会第二次会议在北京召开。第九届全国人大常委会副委员长许嘉璐，第九届全国政协委员、原国家语委党组书记朱新均，教育部副部长、国家语委主任袁贵仁及教育部有关司局和直属单位的负责人出席会议。会议听取了教育部语用司、语信司关于 2001 年工作情况和 2002 年工作要点的通报。委员们对新世纪特别是新一年的语言文字工作提出了意见和建议。

【30 日】2002 年度全国地方语委办主任会议在北京召开。教育部副部长、国家语委主任袁贵仁作了题为《奋发有为，与时俱进，大力推进〈国家通用语言文字法〉的贯彻实施》的讲话。

3 月

【18 日】铁道部成立铁路系统普通话培训测试中心，并启动全路站、车广播员普通话培训工作。

【27 日】全国推广普通话宣传周领导小组决定调整领导小组成员：组长陈至立，副组长袁贵仁、刘鹏、尹蔚民、胡占凡、徐天亮，办公室主任杨光。

4 月

【2 日】教育部、国家语委召开部分行业系统宣传贯彻《国家通用语言文字法》座谈会。22 个党中央、国务院有关部门和解放军总政治部的有关负责人参加会议。教育部副部长、国家语委主任袁贵仁出席会议并讲话。

【4 日】教育部发布《全日制民族中小学汉语教学大纲（试行）》，加强和改进

少数民族汉语教学，提高少数民族学生的汉语水平。

【15日】全国人大教科文卫委员会教育室和教育部语用司在郑州和南京分片召开地方语言文字立法工作座谈会，14个省（区、市）的有关负责人出席会议。第九届全国人大教科文卫委员会委员柳斌出席会议并讲话。

【26日】国家语委21世纪第一届科研规划领导小组在北京成立。领导小组顾问许嘉璐、朱新均、江蓝生、陈章太，组长袁贵仁。会议审议并原则通过了《语言文字应用研究“十五”科研规划及项目指南》《语言文字应用研究“十五”科研资助项目》和《语言文字应用研究“十五”科研立项实施细则》等有关文件。

【29日】全国人大教科文卫委员会召开了广电系统宣传贯彻《国家通用语言文字法》情况汇报会。国家广电总局副局长胡占凡汇报了广电总局和中央电视台、中央人民广播电台、中国国际广播电台的宣传贯彻情况。

【本月】全国人大教科文卫委员会、教育部和国家语委联合对广电系统宣传贯彻《国家通用语言文字法》的情况进行了调研。调研至5月结束。

5月

【17日】教育部印发《关于在中小学加强写字教学的若干意见》。意见明确了写字教学的要求，提出各门课程都应重视写字教学，要为学生写好汉字创设环境，提供必要条件，同时改进写字教学评价。

【18日】国际标准化组织/国际电工委员会第一联合技术委员会编码字符集分技术委员会第二工作组（ISO/IEC JTC1/SC2/WG2）第42次会议在爱尔兰都柏林召开。中国代表团由教育部语信司、云南省民语委、信息产业部中国电子信息产业发展研究院、电子标准化研究所组成。中国傣文专家与国外代表讨论了西双版纳傣文编码方案第一稿、第二稿的异同，并达成了一致意向。

【本月】全国人大教科文卫委员会和教育部、国家语委联合组成调研组，对广东省广电系统宣传贯彻《国家通用语言文字法》的情况进行了调研。调研组考察了广东省广播电影电视局、广东省电视台、广东省电台、佛山市广播电影电视局、顺德电视台、顺德电台宣传贯彻《国家通用语言文字法》和播音用语用字以及播音员、节目主持人普通话水平测试和持证上岗的有关情况。

6 月

【2 日】教育部语用司在秦皇岛召开全国学校语言文字工作汇报交流会。教育部副部长、国家语委主任袁贵仁在会上讲话，充分肯定了三年来全国学校语言文字工作的成绩。

【7 日】教育部、国家语委印发《关于在教育系统试行〈第一批异形词整理表〉的通知》。

【23 日】国家语委科研规划领导小组办公室印发《语言文字应用研究“十五”科研规划及项目指南》。

【25 日】教育部、国家语委、新闻出版总署、广电总局、信息产业部、工商总局印发《关于在新闻出版、广播影视系统和信息产业、广告业试行〈第一批异形词整理表〉的通知》。

【26 日】教育部语用所主办的“中国语言文字网”开通。

【本月】全国人大教科文卫委员会、教育部、国家语委联合对青海省宣传贯彻《国家通用语言文字法》的情况进行了调研。

7 月

【本月】全国共有一万多所民族中小学分别使用 21 个民族的语言开展双语教学。为确保民族语文授课的顺利进行，国家和地方财政设立了民族文字教材专项补助经费。

8 月

【26 日】教育部机关公务员接受普通话水平测试。近 200 名公务员参加测试，全部取得了三级甲等以上的合格成绩。

【本月】国务院作出关于深化改革、加快发展民族教育的决定，要求在民族中小学逐步形成少数民族语和汉语教学的课程体系；有条件的地区应开设一门外语课。国家对双语教学的研究、教材开发和出版给予重点扶持。

9月

【15日】第五届全国推普周活动在各地展开。本届推普周活动的主题是“宣传贯彻《国家通用语言文字法》，大力推广普通话，促进语言文字规范化，迎接党的十六大召开”。开幕式在成都举行，教育部副部长、国家语委主任袁贵仁出席开幕式并讲话。中央电视台播出专题节目。重点活动在广东佛山举办。国家语委和中央人民广播电台还举办了第六届全国普通话大赛。

香港举行首届“普通话月”活动，口号是“说好普通话，闯出新天下”。活动于10月13日结束。

【24日】教育部语信司在武汉召开信息时代语言文字规范标准建设工作会议。会议主要研讨了我国加入世贸组织后的语言文字规范标准建设对策、信息时代语言文字规范标准建设的新特点、语言规划的理论与实践等问题。国务院相关部门和标准化工作机构的代表，语言文字学界、信息处理学界的专家学者，各省（区、市）语委办的负责人参加会议。开幕式上，教育部副部长、国家语委主任袁贵仁作了题为《把握信息时代特点，加强语言文字规范标准建设》的书面讲话。

10月

【24日】教育部印发《关于在有关省区试行中国少数民族汉语水平等级考试的通知》。通知要求建立适合少数民族学习汉语的科学评价体系，推进少数民族地区汉语教学改革，提高少数民族学生运用汉语的能力。

【30日】第一届两岸四地中文数字化合作论坛在福州召开。来自大陆、台湾、香港和澳门的有关专家共35人出席会议。

11月

【4日】教育部民族教育司印发《中国少数民族汉语水平等级考试办法》，实行统一命题、考试、阅卷、评分及颁发等级证书。

【18日】国际标准化组织/国际电工委员会第一联合技术委员会编码字符集分技术委员会第二工作组表意文字工作组（ISO/IEC JTC1/SC2/WG2/IRG）第20次会议在越南河内召开。受国家标准委的派遣，教育部语信司、新闻出版总署科技司、信

息产业部中国电子信息产业发展研究院等单位代表出席会议。会议根据中国两岸四地的联合提案以及日本的提案，就 CJK 汉字国际基本子集的需求、范围、收纳原则，汉字认同规则达成重要共识，讨论制定了用于扩充 C1 编辑工作汉字部首入部规则、部首外笔画数和首笔笔画的确定方法。

12月

【9 日】国际标准化组织 / 国际电工委员会第一联合技术委员会编码字符集分技术委员会（ISO/IEC JTC1/SC2）第 12 次全会和编码字符集分技术委员会第二工作组（SC2/WG2）第 43 次会议在日本东京召开。教育部语信司、西藏自治区编译局、信息产业部中国电子信息产业发展研究院等单位代表出席会议。

【10 日】教育部、国家语委组织评估组对北京市语言文字工作进行了考查评估。评估组由全国人大教科文卫委员、国家总督学顾问柳斌任组长，成员有天津市、上海市、重庆市相关领导同志和语委办负责人，以及教育部、民政部、国家新闻出版总署、国家广电总局、国家工商总局相关部门负责同志和部分部属高校、国家有关研究机构的语言文字专家学者。

【本月】全国政区名称用字读音的省级审定工作结束。

【本年】国家语委普通话与文字应用培训测试中心举办一期国家级普通话水平测试员培训班，114 名学员参加学习。

国家语委普通话与文字应用培训测试中心在澳门理工大学举办一期普通话测试员培训班。

国家语委举办一期中央普通话进修班，53 名学员参加学习。

教育部语用司委托新疆教育厅举办少数民族中小学汉语课骨干教师普通话培训班，来自和田地区、阿克苏地区、喀什地区和克孜勒苏柯尔克孜自治州的 80 名学员参加学习。

首届“汉语桥”世界大学生中文比赛举行，来自 21 个国家的 49 名大学生参加在华总决赛。此次活动是中国在汉语教学领域首次举办的世界范围的学生比赛。

2003年

1月

【22日】国家语委咨询委员会在北京召开第三次会议。第九届全国人大常委会副委员长许嘉璐，教育部副部长、国家语委主任袁贵仁和国家语委咨询委员出席会议。

2月

【19日】国家语委2003年度语言文字工作会议在天津召开。各省（区、市）及省会、自治区首府、计划单列市语委办公室主任参加会议，部分省份教育厅、新疆民族语委主管领导和中央文明办、公安部、人事部、卫生部、国家旅游局有关部门的代表出席会议。教育部副部长、国家语委主任袁贵仁作了题为《认真学习贯彻十六大精神，宣传实施〈国家通用语言文字法〉，为全面建设小康社会贡献力量》的讲话。

3月

【3日】国家语委普通话与文字应用培训测试中心与香港理工大学签订业务合作协议书。教育部副部长、国家语委主任袁贵仁出席签字仪式。

【31日】教育部语信司印发《关于开展语言文字工作系统政务信息化评优活动的通知》。全国语言文字工作系统的政务信息化和各地网站（网页）建立工作全面展开。

【本月】为支持香港电台普通话台举办“第六届粤港澳普通话大赛”，香港所有立法会议员接受普通话水平测试。

5月

【18 日】国务院令发布《中华人民共和国文物保护法实施条例》。条例规定，民族自治地区的文物保护单位的标志说明，应同时用规范汉字和当地通用的少数民族文字书写。

【21 日】教育部发布《普通话水平测试管理规定》。规定明确了国家级、省级语言文字工作部门和测试机构关于测试工作的职责，以及国家级测试员和省级测试员的资格，并对应测试人员的范围、测试成绩、测试等级证书、测试纪律、测试收费标准等进行了规定。该规定自 2003 年 6 月 15 日起施行。

【27 日】教育部语用司印发《普通话水平测试工作评估指导标准》和《普通话水平测试规程》。

6月

【28 日】第十届全国人大常务委员会第三次会议通过《中华人民共和国居民身份证法》。该法第四条规定：居民身份证使用规范汉字和符合国家标准的数字符号填写。民族自治地方的自治机关根据本地区的实际情况，对居民身份证用汉字登记的内容，可以决定同时使用实行区域自治的民族的文字或者选用一种当地通用的文字。

8月

【25 日】中央精神文明建设指导委员会印发《关于评选表彰全国文明城市、文明村镇、文明单位的暂行办法》，将社会用语用字规范文明纳入文明城市评选标准。

【29 日】全国推广普通话宣传周领导小组成员进行调整，增补共青团中央为全国推普周领导小组成员单位。组长周济，副组长袁贵仁、李从军、尹蔚民、陈晓光、胡占凡、嵇绍莹、张晓兰，办公室主任由教育部语用司司长兼任。

9月

【5 日】教育部人事司、直属机关党委、语用司举办部机关公务员普通话水平测试。包括部机关司局长在内的 45 名公务员参加测试。

【14 日】第六届全国推普周活动在各地开展。本届推普周活动的主题是“大力推广普通话，齐心协力奔小康”。开幕式在兰州举行。第九届、第十届全国人大常委会副委员长许嘉璐，第十届全国人大常委会委员王立平，教育部副部长、国家语委主任袁贵仁及人事部、中宣部、解放军总政治部等有关省市领导出席开幕式。重点活动在南宁市、汕头市举行。闭幕式在武汉市举行。本届推普周活动于 20 日结束。

【15 日】国家广电总局发布《广播电视广告播放管理暂行办法》。办法要求，广播电视广告应当使用规范的语言文字，不得故意使用错别字或用谐音乱改成语。除注册商标及企业名称外，不得使用繁体字。

10 月

【10 日】教育部、国家语委印发《普通话水平测试大纲》。大纲规定了普通话水平测试的性质、方式、测试内容和范围、试卷构成和评分、应试人普通话水平的认定等。大纲自 2004 年 10 月 1 日起施行。

11 月

【5 日】全国语言文字信息化工作会议在长沙召开。会议通报了语言文字政务信息化建设情况。

【18 日】全国人大教科文卫委员会、教育部、国家语委就上海市宣传贯彻《国家通用语言文字法》的情况进行了联合调研。调研组由第十届全国人大常委会委员、全国人大教科文卫委员会副主任委员邢世忠任组长，教育部副部长、国家语委主任袁贵仁任副组长。

【28 日】全国人大教科文卫委员会、教育部、国家语委在人民大会堂召开座谈会，纪念《汉语拼音方案》颁布 45 周年。第九届、第十届全国人大常委会副委员长许嘉璐，国务委员陈至立，第十届全国政协副主席王选和有关中央、国家机关和人民团体负责人及社会各界代表100多人出席会议。会议由第十届全国人大常委会委员、全国人大教科文卫委员会副主任委员邢世忠主持。教育部副部长、国家语委主任袁贵仁，国家民委副主任周明甫，新闻出版总署副署长柳斌杰，国家测绘局局长陈邦柱，中国残联副理事长孙先德及著名语言学家王均、中国工程院院士倪光南等专家学者

在会上发言。

中国语文现代化学会、教育部语用所、语文出版社、中国文字学会在北京召开“信息网络时代的汉语拼音”学术研讨会。教育部副部长、国家语委主任袁贵仁，教育部语用司、语信司负责人和来自全国各地的高校教师、语言文字工作者、信息科学工作者及有关学科的专家学者 50 余人出席会议。

12 月

【11 日】国家发展和改革委员会、财政部印发《关于普通话水平测试费和国家普通话水平等级证书工本费收费标准的通知》。

【15 日】教育部、国家语委会同国家民委、公安部、民政部、信息产业部、文化部、国家宗教事务管理局、国家中医药管理局、社科院、国家测绘局、国家标准委、总参测绘局、全国科技名词审定委员会，成立《规范汉字表》研制领导小组。领导小组办公室设在教育部语信司。

【本年】教育部、国家语委组建全国语言文字标准化技术委员会。该技术委员会下设六个分会：汉语语音与拼音分会、汉语语汇分会、汉语语法语篇分会、汉字分会、少数民族语言文字分会、外语应用分会。分会秘书处分别挂靠在社科院语言所、南开大学、北京大学、教育部语用所、中央民族大学、北京外国语大学。

中国少数民族汉语水平等级考试（MHK）开始在吉林、青海、四川、内蒙古、新疆等有关省区推广，后被用于高考、中考、学业水平质量监测、社会化考试等领域。

教育部语用司委托新疆教育厅举办第二期少数民族汉语课教师普通话培训班，80 名从事汉语教学的少数民族中小学教师参加学习。

教育部语用司举办了城市语言文字工作评估培训班。来自 17 个省（区、市）及所属一类城市语委办负责人及部分评估评审工作组成员 40 余人参加培训。

2004年

2月

【18日】国家语委咨询委员会第四次会议在北京召开。第九届、第十届全国人大常委会副委员长许嘉璐，第九届全国政协委员、原国家语委党组书记朱新均，教育部副部长、国家语委主任袁贵仁及国家语委咨询委员等出席会议。会议听取了教育部语用司和语信司关于2003年工作总结和2004年工作要点通报，就开展语言文字示范校创建活动，实施西部少数民族教师国家通用语言文字培训工程，《规范汉字表》研制和语言文字规范标准评测认证等工作提出了意见建议。

3月

【3日】国务院批转教育部制定的《2003—2007年教育振兴行动计划》。计划提出了加强语言文字规范化工作，优化国家通用语言文字的应用环境，大力推广对外汉语教学，积极开拓国际教育服务市场，在西部和少数民族地区继续加大双语教学及其改革的力度等要求。

【23日】国家语委2004年度语言文字工作会议在上海召开。教育部副部长、国家语委主任袁贵仁出席会议并作了题为《求真务实，开拓创新，为全面建设小康社会搭建高水平的语言文字平台》的讲话。

【26日】教育部印发《关于同意国家汉办实施国际汉语教师中国志愿者计划的批复》。

【30日】全国科学技术名词审定委员会网站正式开通。

4月

【7日】教育部、国家语委印发《关于开展语言文字规范化示范校创建活动的意

见》。意见对示范校创建活动的基本目标、国家级示范校的基本要求、示范校的产生以及加强示范校创建活动的领导等方面提出了要求。

5月

【11 日】教育部语信司与公安部治安管理局联合召开第二代居民身份证用字专家研讨会，审定身份证姓名、住址生僻字。

【25 日】中宣部新闻局与教育部语用司联合召开了“规范外文使用，维护祖国语言健康发展”宣传座谈会，中国社会科学院、中国艺术研究院、北京大学等单位的专家学者，以及新华社、人民日报、中央电视台等媒体的代表近 40 人出席会议。中宣部新闻局、教育部语用司及有关单位的负责人出席会议。

6月

【16 日】全国人大教科文卫委员会教育室、教育部语用司在昆明联合召开部分省（区、市）地方语言文字立法工作座谈会。北京、山西、重庆等 15 个省（区、市）的 50 多人出席会议。第十届全国人大常委会委员、全国人大教科文卫委员会副主任委员邢世忠在会上讲话。

【17 日】教育部办公厅印发《中小学少数民族文字教材编写审定管理暂行办法》，旨在加强中小学少数民族文字教材建设，完善教材编写审查的管理，提高教材的编审质量。

【18 日】广电总局发布《广播电视编辑记者、播音员主持人资格管理暂行规定》。规定要求，以普通话为基本用语的播音员主持人，取得与岗位要求一致的普通话水平测试等级证书。该规定自 2004 年 8 月 1 日起实施。

【30 日】教育部语信司与北京语言大学签约共建“国家语言资源监测与研究中心（平面媒体）”。教育部副部长、国家语委主任袁贵仁为中心揭牌并讲话。

【本月】在中国国家主席胡锦涛和乌兹别克斯坦总统卡里莫夫见证下，《合作建设塔什干国立东方学院孔子学院协议》正式签署。

7月

【6 日】全国普通话水平测试管理工作会议在太原召开。来自各省（区、市）语

言文字工作部门有关负责人和人事部、铁道部以及部分高校测试机构负责人等出席会议。教育部副部长、国家语委主任袁贵仁出席会议并作了题为《再接再厉，团结奋进，开创普通话水平测试工作新局面》的讲话。会议总结交流了普通话水平测试工作开展 10 年来的成绩和经验，参观了全国普通话水平测试 10 年成果展，考察了山西省的普通话水平测试档案管理工作和语言文字应用情况。会议对全国 60 个先进测试站和 293 名优秀测试工作者进行了表彰。

【27 日】教育部语信司在青岛召开全国语言文字标准化工作会议。全国语言文字标准化委员会六个分会和部分标准研制项目的负责人共 70 多位代表参加会议。

8 月

【19 日】教育部语信司在兰州召开语言文字工作系统网站建设与管理汇报交流会。

【23 日】教育部发布《汉语作为外语教学能力认定办法》。办法对从事汉语作为外语教学工作的中国公民和外国公民所具备的相应专业知识水平和技能的认定作出了规定，明确要求申请中级、高级证书者，普通话水平应达到二级甲等。

9 月

【12 日】第七届全国推普周活动在各地开展。本届推普周活动的主题是“普通话——情感的纽带，沟通的桥梁”。开幕式在长沙举行，教育部副部长、国家语委主任袁贵仁出席开幕式并讲话。重点活动在合肥、茂名举办。闭幕式于 9 月 18 日在呼和浩特举行，第九届、第十届全国政协委员，原国家语委党组书记朱新均出席闭幕式。

10 月

【12 日】教育部批转重新修订的《全国中小学教材审定委员会藏文教材审查委员会章程》，加强五省区中小学藏文教材建设，规范教材审查工作，提高教材审查质量。

【13 日】广电总局印发《关于加强译制境外广播电视节目播出管理的通知》。通知规定，各级广播电视播出机构一律不能播出用地方方言译制的境外广播电视节目。

【16 日】庆祝普通话水平测试开展 10 周年暨语言文字应用研究所成立 20 周年座谈会在人民大会堂召开。第九届、第十届全国人大常委会副委员长许嘉璐、教育部副部长、国家语委主任袁贵仁出席会议并讲话。教育部、人事部、广电总局等部门有关负责同志及专家学者 300 余人出席会议。

【18 日】全国人大教科文卫委员会、教育部、国家语委联合组成调研团，对山西省宣传贯彻《国家通用语言文字法》的情况进行调研。

11 月

【10 日】教育部语信司在厦门召开语言文字工作系统网站建设与管理汇报交流会。来自 20 多个省（区、市）和一些省会城市、计划单列市语委办的负责同志和网站工作人员共 79 人参加会议。

12 月

【16 日】教育部、国家语委发布《关于表彰中国语言文字使用情况调查先进集体和先进个人的决定》，对在中国语言文字使用情况调查工作中成绩优异、贡献突出的 85 个集体和 119 位个人分别授予先进集体和先进个人称号。

【26 日】中国语言文字使用情况调查总结表彰会在北京人民大会堂召开。会议发布了中国语言文字使用情况调查的主要结果，表彰了先进集体和先进个人。第九届、第十届全国人大常委会副委员长许嘉璐，教育部副部长、国家语委主任袁贵仁出席会议并讲话。第九届、第十届全国政协委员，原国家语委党组书记，中国语言文字使用情况调查领导小组常务副组长朱新均作调查工作总结报告。教育部、国家语委和国家民委、民政部、财政部、农业部、文化部、国家广电总局、国家统计局、中国社会科学院等有关部门领导以及受表彰的先进集体和先进个人代表出席会议。中国语言文字使用情况调查项目于 1998 年秋启动，1999 年到 2000 年各地语委相继展开调查，至 2001 年底基本结束。在第五次全国人口普查数据的基础上，中国语言文字使用情况调查办公室对数据进行汇总、处理。调查结果显示，全国能用普通话进行交际的人口比例为 53.06%，全国 95.25% 的人平时书写时使用规范字，全国会汉语拼音的人口比例达到了 68.32%。

【本年】上海市、天津市、沈阳市、昆明市、福州市、武汉市通过教育部、国家语委一类城市语言文字评估认定。

教育部语用司委托云南省、西藏自治区、新疆维吾尔自治区举办少数民族汉语课教师普通话培训班，229名教师参加培训。

《“汉语桥”工程规划》经国务院批准正式实施。规划将建立孔子学院列为重大项目之一。

汉语水平考试（HSK）快速发展，全球34个国家、61个考点在本年开展HSK考试，考生总人数达到3.2万。

2005年

1月

【12日】国家语言资源监测与研究中心、北京语言大学、中国新闻技术工作者联合会、中国中文信息学会在北京联合举行“2004年度中国主流报纸十大流行语”新闻发布会。

2月

【2日】国家语委咨询委员会第五次会议在北京召开。会议听取了教育部语用司和语信司关于2004年工作总结和2005年工作要点通报，就推广普通话与方言价值、学习和使用外语、语言文字工作“十一五”规划的制定、语言文字标准化信息化工作等问题提出了意见和建议。

【3日】教育部语信司与华中师范大学签约共建“国家语言资源监测与研究中心（网络媒体）”。

【25日】国家语委2005年度语言文字工作会议在沈阳召开。会议总结了2004年工作，部署了2005年工作。教育部副部长、国家语委主任袁贵仁作了题为《树立和落实科学发展观，促进语言文字工作的协调、可持续发展》的讲话。

3月

【14日】教育部办公厅授权青海省教育厅印发五省区藏族中小学全日制义务教育《藏语文课程标准（实验稿）》。

【19日】针对一些电视节目字幕错别字多的问题，广电总局印发《关于加强电视节目字幕播出管理的通知》。

4月

【18日】教育部语信司与暨南大学签约共建“海外华语研究中心”。

【29日】教育部语信司分别与北京师范大学、北京大学签约共建“中国文字整理与规范研究中心”和“中国文字字体设计与研究中心”。

5月

【11日】教育部语信司在北京召开全国语言文字标准化技术委员会分会工作会议。全国语言文字标准化技术委员会下属的语音与汉语拼音分会、汉语语汇分会、汉语语法语篇分会、汉字分会、少数民族语言文字分会、外语应用分会等六个分会的主任委员、副主任委员、秘书长近30人参加会议。

6月

【2日】全国人大教科文卫委员会教育室和教育部语用司在厦门召开地方语言文字立法工作座谈会。第十届全国人大常委会委员、全国人大教科文卫委员会副主任委员邢世忠，全国人大教科文卫委员会教育室副主任卢干奇，24个省（区、市）人大教科文卫委员会、政府法制办、教育厅法规处和语委办的负责同志出席会议。会议交流了《国家通用语言文字法》颁布五年来地方立法工作的情况和经验，就语言文字立法工作的热点和难点问题进行了研讨。

【9日】教育部语信司与厦门大学签约共建“国家语言资源监测与研究中心（教育教材）”。

7月

【18日】国家语言监测与研究中心、北京语言大学、中国新闻技术工作者联合会、中国中心信息学会在北京联合举行“2005年度春夏季中国主流报纸十大流行语”新闻发布会。

【20日】首届世界汉语大会在北京举办。会议主题为“世界多元文化架构下的汉语发展”。第九届、第十届全国人大常委会副委员长许嘉璐、国务委员陈至立等出席开幕式。陈至立作了主题发言。大会的宗旨是宣传我国政府对外推广汉语教学

的政策。大会就有关国际汉语教学发展的若干重大问题广泛听取各方意见并统一认识，最大限度地凝聚国内外的合力，使汉语更快地走向世界。

【25 日】教育部、国家语委在乌鲁木齐召开民族语言文字规范标准建设及信息化工作会议。教育部副部长、国家语委主任袁贵仁在会上作了《树立科学发展观，开创民族语言文字规范标准建设及信息化工作的新局面》的书面讲话。

8 月

【13 日】教育部语信司主办、暨南大学承办的首届“语言与国家”高层论坛在广州举行。

9 月

【8 日】全国科学技术名词审定委员会召开第五届委员会全体会议暨成立 20 周年纪念大会。第十届全国人大常委会副委员长、中科院院长路甬祥出席大会并致开幕词，教育部副部长赵沁平、中国社科院副院长江蓝生等出席会议并讲话。全国名词委第五届全国委员会委员、有关部门负责同志和社会各界人士 160 多人出席会议。本次会议组成第五届全国委员会，由路甬祥任主任，程津培、于永湛、赵沁平、江蓝生、朱作言、刘青任副主任，吴阶平、许嘉璐、钱伟长、朱光亚担任特邀顾问，马大猷等 114 人任委员。

【11 日】第八届全国推普周活动在各地展开。本届推普周活动的主题是“实现顺畅交流，构建和谐社会”。开幕式在云南省楚雄州举行，教育部副部长、国家语委主任袁贵仁出席并发表讲话。第十届全国人大常委会委员柳斌出席重点城市梅州的活动。推普周期间，北京举办了全国青年普通话演讲大赛。闭幕式在宁波举行。第九届、第十届全国政协委员，原国家语委党组书记朱新均致闭幕词。

【15 日】教育部语信司、国家广电总局总编室、中国传媒大学签约共建“国家语言资源监测与研究中心（有声媒体）”。

10 月

【8 日】广电总局印发《关于进一步重申电视剧使用规范语言的通知》。通知要求，电视剧应以普通话为主，一般情况下不得使用方言和不标准的普通话。

11月

【24日】国务院任命赵沁平为国家语委主任。

【本年】教育部语用司委托云南省、西藏自治区、新疆维吾尔自治区举办少数民族汉语教师普通话培训班。

2006年

1月

【12日】国家语言资源监测与研究中心、北京语言大学、中国新闻技术工作者联合会、中国中文信息学会在北京举行“2005年中国主流报纸十大流行语”新闻发布会。

【25日】国家语委咨询委员会第六次会议在北京召开。会议就2006年及“十一五”期间的语言文字重点工作提出意见和建议。

2月

【9日】教育部批转重新修订的《全国中小学教材审定委员会朝鲜文教材审查委员会工作章程》，旨在加强东北三省中小学朝鲜文教材建设，规范教材审查工作，提高教材审查质量。

【15日】国家语委发文部署开展“语言文字规范化工作50周年暨《国家通用语言文字法》施行5周年”纪念活动。

【27日】教育部、国家语委批准发布语言文字规范GF3007-2006《中国通用音标符号集》，自2006年8月1日起实施。

3月

【10日】国家食品药品监督管理局审议通过《药品说明书和标签管理规定》。规定指出，药品说明书和标签应当使用国家语委公布的规范汉字，增加其他文字对照的，应当以汉字表述为准。该规定自2006年6月1日起施行。

【30日】国家语委2006年度语言文字工作会议在北京召开。教育部副部长、国

家语委主任赵沁平出席会议，并作了题为《以科学发展观为指导，全面推进“十一五”期间的语言文字工作》的讲话。

【31日】教育部、国家语委在人民大会堂召开纪念国务院《关于公布〈汉字简化方案〉的决议》和《关于推广普通话的指示》发布50周年座谈会。第九届、第十届全国人大常委会副委员长许嘉璐、国务委员陈至立出席会议并讲话。有关中央和国家机关、解放军、人民团体负责同志，国家语委咨询委员，各省级语言文字工作部门负责同志，各省（区、市）、省会、自治区首府、计划单列市语委办负责同志及各界代表共约300人参加会议。会议由教育部副部长、国家语委主任赵沁平主持。陈至立在讲话中要求加大工作力度，把推广普通话和推行规范字的工作提升到一个新的水平。教育部部长周济作了题为《做好语言文字工作，为经济社会发展服务》的发言。国家民委副主任吴仕民、广电总局副局长胡占凡、新闻出版总署副署长石峰也在会上发言。

中国社会科学院语言研究所、教育部语用所在人民大会堂召开语言文字规范化工作学术研讨会。来自全国高校、科研机构的语言文字专家学者约100人出席会议。

5月

【22日】教育部、国家语委发布《2005年中国语言生活状况报告》及相关数据。这是中国第一次就年度语言使用实态发布报告。发布会上，教育部副部长、国家语委主任赵沁平发表题为《关注语言国情，建设和谐的语言生活》的书面讲话。

广电总局发布《电影剧本（梗概）备案、电影片管理规定》。规定要求，电影片的署名、字幕等语言文字，应按《中华人民共和国著作权法》《中华人民共和国国家通用语言文字法》等有关规定执行。该规定自2006年6月22日起实施。

6月

【4日】国务院批转《中国残疾人事业“十一五”发展纲要（2006年—2010年）》，提出了推广盲文手语的任务指标和主要措施。

【12日】教育部、国家语委召开了《规范汉字表（送审稿）》专家委员会成立会。教育部副部长、国家语委主任、《规范汉字表》研制领导小组组长赵沁平为专家委

员会委员颁发聘书并讲话。专家委员会由九名语言文字专家组成。曹先擢任主任委员，王宁任副主任委员。

【26 日】国家语委委员换届会议暨 2006 年工作会议召开。教育部、国家民委、民政部、信息产业部、文化部、国家广电总局、国家工商总局、新闻出版总署、中国社会科学院、共青团中央、中华全国总工会、全国妇联、解放军总政治部等 13 个单位的国家语委委员及代表出席会议。第九届、第十届全国人大常委会副委员长许嘉璐发来贺信，教育部部长周济出席会议并讲话。教育部副部长、国家语委主任赵沁平在讲话中对国家语委的调整换届及委员单位的组成情况进行了介绍，并提出工作要求。经国务院批准，新一届国家语委增补人事部为委员单位。教育部、国家民委、民政部、人事部、信息产业部、文化部、国家广电总局、国家工商行政管理总局、新闻出版总署、国家标准委、中国科学院、中国社会科学院、共青团中央、中华全国总工会、全国妇联、解放军总政治部等 16 个单位的有关负责同志担任委员，教育部相关职能司局负责人担任副主任委员。国家语委副主任、教育部语用司司长王登峰，国家语委副主任、教育部语信司司长李宇明介绍了近年来开展的工作和今后的任务。委员们就加强与语言文字工作部门的联系，做好行业系统工作发表建议。

7月

【4 日】全国汉语国际推广工作会议在北京召开。国务委员陈至立出席会议并讲话。教育部部长周济、国务院侨办主任陈玉杰等国家汉语国际推广领导小组成员出席会议。国务院副秘书长陈进玉主持会议。

【6 日】首届孔子学院大会在北京召开。国务委员陈至立出席并致辞。教育部部长周济主持会议。来自 30 多个国家和地区的孔子学院和孔子课堂的代表，以及我国各相关部门的代表约 400 人参加会议。

【28 日】国家语言资源监测与研究中心、北京语言大学、中国新闻技术工作者联合会和中国中文信息学会联合发布“2006 年春夏季中国主流报纸十大流行语”。

8月

【28 日】教育部、国家语委发布语言文字规范 GF 2002-2006《汉字应用水平等级及测试大纲》，自 2007 年 2 月 1 日起试行。

9月

【10日】第九届全国推普周活动在各地开展。本届推普周活动的主题是“普通话——50年推广，新世纪普及”。教育部副部长、国家语委主任赵沁平，第九届、第十届全国政协委员，原国家语委党组书记朱新均，第十届全国人大常委会委员、全国人大教科文卫委员会副主任委员邢世忠分别出席在太原举行的开幕式活动、在遵义举行的重点城市活动启动仪式和在肇庆举行的闭幕式活动并发表讲话。推普周期间还启动了全国教师语言文字基本功大赛，“爱我母语、爱我中华”第三届全国语文规范化知识大赛，全国报刊逻辑语言应用病例有奖征集活动，全国青少年小记者征文（摄影）大赛，全国推广普通话形象大使地区选拔赛等活动。

【18日】国家质检总局、国家标准委发布国家标准 GB/T 20532-2006《信息处理用现代汉语词类标记规范》，自 2007 年 3 月 1 日起实施。

10月

【10日】教育部印发《全日制民族中小学汉语课程标准（试行）》，旨在加强和改进少数民族汉语教学，提高少数民族学生的汉语水平。

教育部印发《关于调整试行中国少数民族汉语水平等级考试有关规定的通知》，对少数民族汉语水平等级考试的有关事项作适当调整。

11月

【15日】教育部语信司与暨南大学合作共建的“海外华语研究中心”揭牌仪式在暨南大学举行。

12月

【14日】香港中文大学、香港岭南大学联合国家语委普通话与文字应用培训测试中心共同举办的“国家普通话水平测试（PSC）论坛”分别在香港中文大学、香港岭南大学举行。论坛以“规范管理，提高质量”为主题，总结了在香港开展普通话水平测试 10 年来所取得的成绩和经验。开幕式由教育部语用所所长、国家语委普通话与文字应用培训测试中心主任姚喜双主持，教育部语用司、教育部语用所、国家

语委普通话水平测试中心有关部门负责人，香港 8 所高校普通话水平测试中心主任及部分香港特别行政区的国家级普通话水平测试员和内地 18 个省（区、市）普通话测试中心负责人参加论坛。

【19 日】国家语委普通话与文字应用培训测试中心组织的首次海外普通话水平测试在新加坡举行。来自新加坡不同行业的 31 名考生接受了测试并获得《普通话水平测试等级证书》。

【20 日】国家民委、联合国教科文组织主办的“苗族语言环境建设示范培训班”在贵州省松桃苗族自治县顺利举办。由联合国教科文组织资助的中国“民族语言环境建设示范区”南部片区项目开始步入实施阶段。本年初，为加强民族语言、文化的保护与传承，促进民族地区民族语言和国家通用语言和谐发展，国家民委向联合国教科文组织提出建设中国“母语环境示范区”的申请。经过国家民委有关部门考察，确定在全国建立两个“民族语言环境建设示范区”：北部片区设在新疆察布查尔锡伯自治县，南部片区设在贵州省松桃苗族自治县。

【本年】国家语委普通话与文字应用培训测试中心举办两期国家级普通话水平测试员培训班，203 名学员获得测试员资格证书。

教育部语用司和国家民委文宣司委托广西、贵州、云南、西藏、青海、新疆教育厅和民（语）委举办少数民族教师普通话培训班，556 名教师参加培训。

国家对外汉语教学领导小组更名为国家汉语国际推广领导小组。

国家汉办组织编写的《汉语 900 句》由外语教学与研究出版社出版。该书在北京国际图书博览会和法兰克福国际图书博览会正式推出。

2007年

1月

【7日】由教育部语信司与北京师范大学共建的中国文字整理与规范研究中心挂牌仪式暨中心学术委员会成立大会在北京师范大学举行。

【12日】国家语言资源监测与研究中心、北京语言大学、中国传媒大学、中国新闻技术工作者联合会、中国中文信息学会联合发布“2006年中国报纸、广播、电视十大流行语”。

【本月】国务院学位委员会第23次会议在北京召开。会议批准设置汉语国际教育硕士专业学位。北京语言大学等首批24所汉语国际教育硕士专业学位研究生培养单位共招收了1020名在职人员攻读汉语国际教育硕士专业学位。

2月

【7日】国家语委咨询委员会第七次会议在北京召开。会议听取了教育部语用司和语信司2006年工作情况和2007年的工作安排通报，并就语言文字立体测试体系的建立和《国家语言文字应用研究“十一五”科研规划》《规范汉字表》等有关问题进行了研讨。

【8日】国家语委复函全国科学技术名词审定委员会，同意全国科技名词委将第111号化学元素定名为“錀”的意见，并将“錀”纳入规范字；同时提议共同制定化学元素中文定名规范原则，作为今后化学元素中文定名的依据。

【27日】教育部印发《关于调整新一届国家语言文字工作委员会的通知》，在2006年调整换届的基础上，重新确认了各委员单位的委员名单。通知还明确了各单位的职责分工。

3月

【6 日】国家语委 2007 年度语言文字工作会议在北京召开。教育部副部长、国家语委主任赵沁平作了题为《营造和谐语言生活，为构建社会主义和谐社会做贡献》的报告。

4月

【10 日】教育部、国家语委印发《国家语言文字工作“十一五”规划》。规划总结了“十五”期间语言文字工作的进展，明确了“十一五”期间语言文字工作的指导思想、基本原则、主要目标、工作思路、主要工作措施。

【18 日】第二届“语言与国家”高层论坛在绍兴举办。

【26 日】国家语委 2007 年度全体委员会议在北京召开。会议研究讨论了国家语委议事规则和《规范汉字表》研制有关重大问题的处理方法等问题，交流了各行业系统语言文字工作情况。国家工商总局副局长王东峰、团中央书记处书记贺军科、民政部区划地名司司长戴均良、中科院副秘书长曹效业等国家语委委员出席会议，其他国家语委委员代表及国家语委成员单位的联络员和教育部语用司、语信司、语用所、语文出版社的负责同志参加会议。教育部副部长、国家语委主任赵沁平出席会议并讲话。

【30 日】《国家语委语言文字应用科研工作“十一五”规划》印发。

6月

【16 日】国家语委印发《国家语言文字工作委员会议事规则》，对全体委员会议和联络员会议的主要职责，国家语委委员单位、委员及联络员的调整，委员单位之间的协调沟通等作出规定。

7月

【2 日】全国人大教科文卫委员会、教育部、国家语委组成的联合调研组对广东省宣传贯彻《国家通用语言文字法》进行调研。第十届全国人大常委会委员、全国人大教科文卫委员会副主任委员邢世忠任组长。

【27日】教育部语用司和体育卫生与艺术司在青岛举办了以“迎奥运九州同音、舞太极天地人和”为主题的海峡两岸大学生暑期交流活动。本次活动被列为北京奥运会倒计时一周年重点活动。参加活动的有北京大学、台湾大学等15所高校的203人。

8月

【8日】教育部语信司分别与南京大学、鲁东大学签约共建“中国语言战略研究中心”和“汉语辞书研究中心”。

【16日】教育部、国家语委发布《2006年中国语言生活状况报告》。教育部副部长、国家语委主任赵沁平出席新闻发布会。

【29日】国家语委印发《关于表彰全国语言文字工作先进集体和全国语言文字先进工作者的决定》，授予220个单位“全国语言文字工作先进集体”荣誉称号，授予534位个人“全国语言文字先进工作者”荣誉称号。

【31日】国家语委印发《关于认定首批国家级语言文字规范化示范校的通知》，决定授予171所学校“国家级语言文字规范化示范校”称号。

9月

【4日】普通话水平测试信息化系统正式启动。这标志着国家普通话水平测试信息管理系统与计算机智能测评系统进入实际应用阶段。

【9日】第十届全国推普周活动在各地开展。本届推普周活动的主题是“构建和谐语言生活，弘扬中华优秀文化”。开幕式在江西省井冈山市举行。重点活动在河北省涞源县举行。闭幕式在曲阜和涞源举行。

国家体育总局印发《关于规范我体育团组人名译名的通知》。通知规定，中国人名译名一律使用汉语拼音，姓在前，名在后；姓和名分写，姓和名的开头字母均大写。

【16日】全国首场汉字应用水平测试在上海展开。包括上海市大中小学教师、党政机关公务员等在内的1170名应试者参加测试。

10月

【本月】为适应孔子学院的建设和发展，国家汉办立项研发的《国际汉语教师标准》正式公布并出版。

11月

【5 日】国家语委在上海召开语言文字依法管理工作现场会。来自全国的人大系统、法制部门、教育行政部门和语言文字工作部门的代表 100 多人出席会议。第十届全国人大常委会委员、全国人大教科文卫委员会副主任委员邢世忠，教育部副部长、国家语委主任赵沁平出席会议并讲话。与会代表围绕地方立法和建立完善执法监督体制机制方面所取得的成绩和经验进行总结交流，并就如何进一步加快语言文字法治化进程、全面加强对语言文字工作的依法管理和监督展开研讨。

【9 日】中国语言战略研究中心揭牌仪式暨 2007 国家语言战略高峰论坛在南京大学举行。论坛期间还举办了“语言战略研究讲习班”。

【24 日】国家民委文化宣传司和教育部语信司联合主办、中央民族大学承办的中国民族语言文字工作成就展暨民族语文国际学术研讨会在北京举办。第十届全国人大常委会副委员长司马义·艾买提，第十届全国人大常委会副委员长乌云其木格，第十届全国政协副主席阿不来提·阿不都热西提，以及国家民委主任李德洙，国家民委副主任丹珠昂奔，中央统战部副部长斯塔，信息产业部副部长娄勤俭，新闻出版总署副署长孙寿山，新疆维吾尔自治区党委常委尔肯江·吐拉洪，新疆维吾尔自治区政府副主席贾帕尔·艾比布拉等领导出席成就展开幕式并参观展览。教育部副部长、国家语委主任赵沁平在开幕式上致辞。本次会展以“构建和谐语言生活，弘扬优秀民族文化”为主题，集中展示了新中国成立以来我国在民族语言文字新闻出版、广播影视、翻译、规范化标准化、信息处理、古籍整理、书法等领域取得的成就。来自美国、挪威、西班牙等国家的专家学者 180 余人参加研讨会。

12月

【1 日】全国少数民族语言文字标准化工作会议在昆明召开。来自全国语言文字标准化技术委员会少数民族语言文字分会等团体的 40 多位代表出席会议。与会代表就研制中的少数民族语言文字规范标准项目进行了交流和协调。

【6日】我国首家广播孔子学院在中国国际广播电台成立。

【11日】第二届孔子学院大会在北京召开。国务委员陈至立出席并作《共同办好孔子学院，搭建增进友谊和了解的桥梁》的主旨演讲。教育部部长周济作主题报告。国务院侨办主任李海峰主持会议。来自60多个国家和地区的孔子学院代表及中方人士共1000余人参加会议。

【18日】汉语辞书研究中心揭牌仪式暨首届汉语辞书论坛在鲁东大学举行。

【本月】教育部语用司分别在新疆伊宁、湖北宜昌召开二类城市评估工作观摩研讨会。

【本年】国家语委普通话与文字应用培训测试中心举办一期国家级普通话水平测试员培训班，145名学员获得测试员资格证书。

教育部语用司委托新疆、西藏、云南、贵州、广西、青海、内蒙古、甘肃、海南等九省（区）教育厅举办普通话培训班，培训少数民族教师845人。

国家民委在北京举办全国民族语文翻译业务骨干培训班。来自全国13个省（区、市）的100多位民族语文翻译工作者参加培训。

国家汉办发布《国际汉语能力标准》。

2008年

1月

【4日】国家语委咨询委员会第八次会议在北京召开。会议听取了教育部语用司和语信司2007年工作情况和2008年的工作安排汇报，并就《汉语拼音方案》发布50周年纪念活动、开展中国语言普查工作等有关问题进行了研讨。

【14日】国家语言资源监测与研究中心、北京语言大学、中国传媒大学、华中师范大学、中国新闻技术工作者联合会、中国中文信息学会联合发布“2007年度中国媒体十大流行语”。

教育部与信息产业部联合召开《规范汉字表》的制定与实施问题座谈会。与会人员就《规范汉字表》的进一步完善及在信息产业领域的实施进行了交流，重点讨论了字表收字与ISO 10646编码标准字符的对应、字表微观字形调整与计算机字库制作、字表实施与信息系统产品更新和升级等方面的问题。

2月

【21日】新闻出版总署发布《图书出版管理规定》。规定要求，图书使用语言文字须符合国家语言文字法律规定。

【26日】中宣部、中央文明办、教育部、民政部、文化部、国家语委印发《关于以传统节日为主题开展经典诵读和诗词歌赋创作活动的通知》。通知决定，继续举办以清明、端午、中秋和春节四个传统节日为内容的“中华经典诵读”和“中华赞·诗词歌赋创作”活动。

【28日】国家语委在北京召开2008年度语言文字工作会议。国家语委成员单位联络员、部分地方教育厅主管副厅长和民语委副主任、各省级语委办、相关省区民语委办以及各省级语言文字测试中心等单位的负责人150余人出席会议。教育部副

部长、国家语委主任赵沁平出席会议并发表题为《深入贯彻落实党的十七大精神，开创语言文字工作新局面，为提升国家文化软实力做出积极贡献》的书面讲话。

新闻出版总署发布《期刊出版管理规定》。规定要求，期刊的外文刊名须是中文刊名的直译，外文期刊封面上必须同时刊印中文刊名，少数民族文种期刊封面上必须同时刊印汉语刊名。

4月

【10 日】国家语委召开 2008 年度全体委员会议。教育部副部长、国家语委主任赵沁平，国家语委成员单位的代表、联络员及教育部语用司、语信司、语用所、语文出版社等单位的负责人出席会议。教育部语用司、语信司通报了 2007 年语言文字工作情况和 2008 年工作安排。委员们介绍了本单位 2007 年语言文字工作情况和 2008 年工作设想，并就相关问题进行了沟通和讨论。

国家语委成员单位联络员、全国推普周领导小组成员单位联络员联席会议召开。会议就贯彻落实国家语委 2008 年度全体委员会议精神和第 11 届全国推普周活动的筹备等工作进行了讨论。

【21 日】教育部语信司在北京召开纪念《汉语拼音方案》发布 50 周年学术研讨会。会议总结了制定和推行汉语拼音方案的历史性成就及经验，并就如何进一步完善和推行《汉语拼音方案》及其规范标准进行了研讨。

5月

【19 日】教育部、国家语委组成检查组对北京市部分奥运场馆用语用字进行检查。

【21 日】教育部办公厅印发《关于举办中华经典诵读和中华赞 · 诗词歌赋创作征集等活动的通知》。通知对全国教育行政部门和各级各类学校开展相关活动提出要求。中华赞 · 诗词歌赋创作征集活动共收到来自全国投稿一万余篇。

6月

【23 日】教育部语信司、国家民委教育科技司、国家新闻出版总署报刊司与中央民族大学签约共建“国家语言资源监测与研究中心少数民族语言分中心”。

7月

【15 日】国家语委和全国科技名词委联合发布《奥运体育项目名词》。《奥运体育项目名词》根据西班牙加泰罗尼亚术语中心提供的奥运体育项目术语集，采用中、英、法、西 4 个语种对照方式编译，涵盖了第 29 届夏季奥运会 35 个体育项目，共计 9000 余个词条。

【17 日】教育部语用司应邀组织专家与奥运场馆管理部联合对北京主要奥运场馆和奥运村用语用字情况进行了检查验收。

8月

【7 日】国家语言资源监测与研究中心、北京语言大学、中国新闻技术工作者联合会、中国中文信息学会联合发布“2008 年春夏季中国主流报纸十大流行语”。

9月

【14 日】第 11 届全国推普周活动在各地开展。本届推普周活动的主题是“构建和谐语言生活，营造共有精神家园”。开幕式暨“我们的节日——中华经典诵读 · 中秋篇”晚会在上海举行。闭幕式暨黑龙江省三类城市语言文字工作评估现场会在黑龙江省五大连池市举行。本届推普周活动的重点行业是旅游和文化系统。

10月

【11 日】中国语言资源有声数据库建设江苏省试点工作在苏州启动。教育部副部长、国家语委主任赵沁平，江苏省副省长何权出席仪式并讲话。

【23 日】国家语委印发《关于开展第二批国家级语言文字规范化示范校申报、认定工作的通知》。

【24 日】教育部语用司、基础教育二司及孔子学院总部联合在北京举办“汉语拼音教学国际讨会”。来自全国 27 个省（区、市）的小学语文教师、教研员代表，港澳地区普通话培训测试机构和孔子学院代表，语文教材出版单位、学术团体代表以及部分语言学专家学者、对外汉语教师、海外汉语教师代表 160 余人出席会议。

会议就汉语拼音的基础理论、教学方法和经验、汉语拼音对信息技术的支持和贡献及其推行和社会应用等方面进行了广泛深入的研讨。

【本月】教育部、国家语委发布《中国语言生活绿皮书》A 系列《现代汉语常用词表（草案）》。该词表收录现当代社会生活中比较稳定的、使用频率较高的汉语普通话常用词语 56008 个，可供汉语教育、中文信息处理和辞书编纂等领域参考和采用。

11 月

【10 日】全国语言文字标准化工作会议在北京召开。各省级语委办和语言文字培训测试中心的负责人、有关事业单位负责人、全国语言文字标准化技术委员会各分会主任委员和秘书长出席会议。

【16 日】教育部、国家语委发布《2007 年中国语言生活状况报告》。

12 月

【9 日】第三届孔子学院大会在北京召开。中共中央政治局委员、国务委员刘延东出席并作主旨演讲。教育部部长周济主持会议。来自 78 个国家和地区的 249 所孔子学院和所在大学代表、中方合作办学单位负责人等共约 500 人参加会议。

【15 日】国家语委召开外文使用问题座谈会。外交部、科技部等 21 个部门的代表出席会议。会议就各部门、各系统外文使用的政策、现状、使用中的规范问题以及如何处理好中文和外文的关系、怎样加强对外文使用的管理等问题进行了交流和研讨。

【28 日】“中华诵 · 经典诵读大赛”全国总决赛暨颁奖晚会在中国传媒大学举行。从 4 月起，“中华诵 · 经典诵读大赛”在全国相继启动。24 个省（区、市）和香港特区选拔出的 179 名优秀选手参加全国网络视频预赛。经过专家评选和网民票选，42 名选手晋级全国总决赛。

【29 日】由教育部语信司指导、商务印书馆主办的中国语言资源开发应用中心揭牌仪式在北京举行。

【本月】为全面了解外文使用的现状及其对母语的学习、使用特别是对未来 10 年社会语文生活产生的影响，研究相关对策措施，教育部语用司在北京、天津、上海、重庆、黑龙江、山东、甘肃、浙江、广东、广西等十省（区、市）的 16 个大中城市组织开展外文使用情况调查。调查工作持续到 2009 年 3 月。

【本年】教育部语用司印发《计算机辅助普通话水平测试操作规程（试行）》。规程对普通话水平测试的考点、报名、组织流程、测试流程、试卷、成绩评定、证书档案管理等进一步明确要求。

教育部语用司与中国教育电视台联合组织“众志成城，众手补天”抗震救灾诗歌特别征集活动。活动共收到原创诗歌作品 7000 余篇，精选 140 余篇汇编出版《震撼——汶川抗震诗歌选》。

2008 年清明、端午和中秋期间，教育部、国家语委与中央文明办分别在江苏、湖南和上海组织了三场“我们的节日——中华经典诵读”主题晚会，邀请国内知名朗诵表演艺术家和群众演员共同演绎了与传统节日相关的中华经典诗文。晚会实况节目在中央电视台、中国教育电视台和部分省级卫星电视台播出。

长春市、济南市通过一类城市语言文字工作评估认定。

国家汉办举办首届“汉语桥”世界中学生中文比赛。来自 24 个国家的 87 名中学生参加在华总决赛。这是“汉语桥”中文比赛首次从大学延伸到中学。

2009年

1月

【8日】教育部、国家语委发布语言文字规范GF 0011–2009《汉字部首表》和GF 0012–2009《GB 13000.1字符集汉字部首归部规范》，自2009年5月1日起实施。

国家语委与到访的马来西亚华语规范理事会就开展普通话水平测试事宜初步达成合作意向。2月14日，双方签署备忘录，并在马来西亚召开了新闻发布会。

【20日】由教育部语用司主办的首届全国大中小学生规范汉字书写大赛启动。大赛以“书写经典，传承文明”为主题，共有708万学生参加。24日，大赛特等奖比赛暨颁奖晚会在北京举行。原国家教委副主任、国家语委主任柳斌，中国教育学会副会长、国家总督学顾问陶西平出席晚会，并为选手颁奖。12月3日至18日，大赛优秀作品展和著名书法家创作作品贺展在北京民族文化宫举办。

【25日】国家语委委托山东电视台拍摄的大型电视纪录片《史说汉字》在山东卫视连续播出，至31日结束。

2月

【10日】国家语委咨询委员会第九次会议在北京召开。会议听取了教育部语用司、语信司2008年工作总结及2009年工作设想，并就《国家中长期语言文字工作改革和发展规划纲要》（简称《语言文字规划纲要》）的制订和面向基础教育的汉语言文字科研及资源建设等问题进行了研讨。会议对国家语委咨询委员会进行了调整换届：主任许嘉璐，副主任柳斌、朱新均，委员江蓝生、陈章太、曹先擢、仲哲明、孟吉平、傅永和、陆俭明、李行健、倪光南、陈琳、戴庆厦、于根元、董琨、巢宗祺、方向、刘青、解小青。

【24 日】国家语委在北京召开 2009 年度语言文字工作会议。国家语委成员单位联络员，各省（自治区、直辖市）教育厅（教委）、民（语）委负责人，各省级语委办及测试中心主任，相关省区民语委办主任共 160 余人出席会议。教育部副部长、国家语委主任赵沁平发表题为《深入学习实践科学发展观，努力构建和谐语言生活、提高国民语言文化素质》的书面讲话。会议总结了 2008 年的工作，回顾了新中国成立 60 年特别是改革开放 30 年来语言文字工作取得的成就和经验，并对 2009 年工作作了部署。

3 月

【10 日】新闻出版总署发布《报纸期刊审读暂行办法》。办法规定，报刊审读包括使用语言文字是否符合国家通用语言文字法的规定等内容。

【20 日】教育部发出通知，增补国家旅游局、国务院侨务办公室为国家语委委员单位。

【24 日】教育部、国家语委发布语言文字规范 GF 0013–2009《现代常用独体字规范》和 GF 0014–2009《现代常用字部件及部件名称规范》，自 2009 年 7 月 1 日起试行。

【30 日】由教育部和欧洲委员会主办、孔子学院总部承办的 2009 中国——欧盟语言合作研讨会在北京召开。研讨会以“语言构建多元化世界”为主题。中欧知名语言学家，语言信息技术专家，跨文化能力专家，相关科研院所代表，高校代表，中欧教育、语言事务官员等 80 余人出席会议。

【31 日】教育部、国家语委、中宣部、中央文明办、人力资源和社会保障部、文化部、广电总局、解放军总政治部、共青团中央共同在太原举办“中华诵 · 2009 经典诵读晚会（清明篇）”。5 月 23 日，“中华诵 · 2009 经典诵读晚会（端午篇）”在中国传媒大学举办。9 月 15 日，“中华诵 · 2009 经典诵读晚会（中秋篇）”在青岛举办。

4 月

【8 日】国家语委在南京召开中国语言资源有声数据库建设苏州首批试点验收

会。会议通过验收了在苏州启动的首批“中国语言资源有声数据库”。

【28 日】由国家语委办公室、中央文明办调研组主办，中国教育电视台、中国文明网、央视网、语文出版社等承办的“中华诵·2009经典诵读大赛”和“中华赞·诗词歌赋创作大赛”启动。两项大赛以迎接和庆祝新中国成立60周年为主题，以清明节、端午节、中秋节和春节等传统节日为契机，遵循政府主导、媒体组织、社会参与的方式，广泛发动社会各界积极参与。“中华赞·诗词歌赋创作大赛”共评出获奖作品44篇。12月16日，“中华诵·2009经典诵读大赛”全国总决赛在北京化工大学举办。

【30 日】教育部召开部长专题办公会，研究如何进一步开展“中华诵”经典诵读活动。

5月

【12 日】国家语委普通话与文字应用培训测试中心举办一期国家级普通话水平测试员培训班，138名学员参加培训，128名学员获得国家级普通话水平测试员资格证书。

【20 日】国务院任命郝平为国家语委主任。

【23 日】教育部语用司在北京召开中华经典诵读研讨会。教育部副部长、国家语委主任郝平，全国省级语委办负责人及有关专家学者出席会议。会议要求，把提升学生语言文化素质作为全面实施素质教育的核心内容，进一步提高学生的综合素质。教育部部长周济接见了会议代表并讲话，要求把“中华诵”做成教育和语言文字工作的精品工程。

6月

【4 日】教育部办公厅印发《关于在教育系统做好“中华诵”经典诵读工作的意见》，在全国教育系统部署“中华诵”经典诵读相关工作，要求把“中华诵”活动打造成弘扬中华优秀传统文化、推进语言文字工作的品牌。

7月

【11 日】第五届两岸经贸文化论坛在长沙召开。国家语委副主任、教育部语用

管司司长王登峰等作为中共中央台办特邀专家出席会议。两岸学者就民间合作编纂中华语文工具书、繁体字与简化字、汉语拼音、专有名词翻译等问题进行了讨论，并提出两岸学术界在语言文字方面进行合作的多项建议。

【12 日】教育部语用司与思想政治司联合开展“中华诵 · 2009 经典诵读进校园”活动。在为期一个月的活动中，武汉大学、复旦大学、北京交通大学陆续举办了经典诵读晚会和诗歌朗诵会。

【21 日】广电总局印发《关于严格控制电视剧使用方言的通知》。通知对电视剧使用方言提出以下要求：1. 电视剧的语言（地方戏曲片除外）应以普通话为主；2. 重大革命和历史题材剧、少儿题材电视剧以及宣传教育专题电视片等一律要使用普通话；3. 电视剧中出现的领袖人物的语言要使用普通话。

8 月

【11 日】由教育部语用司、中央文明办调研组联合主办的首届全国中小学生“中华诵”夏令营在江苏省泰州市举办。夏令营以“传诵中华经典，做一个有道德的人”为主题，全国近百名中小学生参加活动。教育部副部长、国家语委主任郝平出席开营仪式并为营员授旗。

由教育部语用司、体育卫生与艺术教育司、思想政治工作司联合主办的“中华诵 · 古辞新韵”创作大赛启动。参赛人群以大学生为主。大赛于 2010 年元旦期间举行了颁奖晚会和“古辞新韵”演唱会。

【12 日】教育部公布《通用规范汉字表（征求意见稿）》，向社会公开征求意见。

【13 日】教育部、国家语委印发《关于公布第二批国家级语言文字规范化示范校名单的通知》，授予 426 所学校“国家级语言文字规范化示范校”称号。

【24 日】由教育部语用所主办的第六届全国语言文字应用学术研讨会在江苏连云港举行。教育部副部长、国家语委主任郝平以及从事语言文字应用教学与研究的专家学者 140 余人出席会议。

9 月

【8 日】广电总局发布《广播电视广告播出管理办法》。办法禁止在广播电视广告中使用绝对化语言欺骗、误导公众，禁止故意使用错别字或篡改成语。

【13 日】第 12 届全国推普周活动在各地开展。本届推普周活动的主题是“热爱祖国语言文字，构建和谐语言生活”。14 日，开幕式暨 2009 国家级语言文字规范化示范校校长论坛在南京师范大学举行。教育部副部长、国家语委主任郝平出席开幕式并讲话。来自全国 20 个省（市、区）的近 70 位校长参加开幕式暨论坛。

10 月

【20 日】由国务院侨务办公室、中国海外交流协会主办的第一届世界华文教育大会在成都举行。大会的主题是“抓住机遇、凝聚力量，推动海外华文教育大发展”。来自 37 个国家和地区的华侨华人社团、华教组织负责人，从事一线教学的华文教师及国内华教界、侨务部门、华文教育基地代表共 400 余人参会。

【29 日】教育部、国家语委发布《2008 年中国语言生活状况报告》。同日，《2008 年中国语言生活状况报告》出版座谈会在商务印书馆召开。

【本月】教育部、国家语委发布《中国语言生活绿皮书》A 系列《日本汉字的汉语读音规范（草案）》《文语转换与语音识别系统语言文字评测规范（草案）》《机器翻译系统语言文字评测规范（草案）》《语料库系统语言文字评测规范（草案）》《现代汉语语料库元数据规范（草案）》《基于概念层次的语句概念结构语料库标注规范（草案）》等六项规范草案。

11 月

【16 日】中国文字博物馆在河南安阳开馆。

12 月

【6 日】由教育部语用司组织的 2009 年汉字应用水平测试在全国 10 个省（市）举行，北京、天津、辽宁、黑龙江、上海、江苏、江西、山东、河南、云南等地的 2.6 万余人参加测试。

【11 日】由国家语委主办、北京科技教育促进会承办的“雅言华章，和谐中华——新中国语言文字工作 60 年成就展”在北京举行。中共中央政治局常委李长春，中共中央政治局委员、国务委员刘延东，教育部部长袁贵仁，教育部副部长、国家语委

主任郝平等观看了展览。12 日，“语言政策与国际推广论坛”在展区举办。部分外国大使馆文教官员、国家语委成员单位联络员、各省级语委办负责人及语言文字专家学者出席此次论坛。

【本年】教育部语用司委托云南等八省（区）教育厅开展少数民族教师普通话培训 12 期。来自 21 个民族的 964 名教师参加培训。

2009 年起，国家汉办设立孔子学院奖学金，旨在支持孔子学院建设，促进汉语国际推广和中国文化传播，培养合格汉语教师和汉语人才。当年共有 6000 余人获得各类奖学金。

“网络孔子学院”正式开通。作为汉语国际教育的门户网站，网络孔子学院主要面向社会各界人士，提供汉语教学资源，开展在线教学，提供中国教育、文化、经济及社会等信息咨询服务。

2010年

1月

【20日】教育部语信司会同公安部出入境管理局、外交部领事司、国家民委教育科技司、民政部区划地名司在北京组织召开人名地名汉语拼音拼写专家研讨会。会议听取了护照办理中人名拼写的情况和《汉语拼音正词法基本规则》《中国人名汉语拼音拼写规则》修订中人名地名拼写的相关内容介绍，并进行了研讨。

2月

【9日】国家语委咨询委员会第十次会议在北京召开。会议听取了教育部语用司和语信司汇报的2009年工作情况和2010年的工作安排，并对《语言文字规划纲要（讨论稿）》的制订思路、改革创新举措、语言文字工作体制机制建设等提出建议。

3月

【9日】国家语委2010年度语言文字工作会议在北京召开。教育部副部长李卫红出席会议，并作了题为《围绕中心，服务大局，改革创新，促进语言文字工作科学发展》的讲话。会议回顾总结了2009年的工作，部署了2010年的工作，并重点对《语言文字规划纲要（讨论稿）》进行了研讨。

【12日】教育部语用所、北京语言大学和澳门理工学院联合筹办的澳门语言文化研究中心揭牌仪式在北京举行。教育部副部长李卫红出席揭牌仪式并讲话。

【23日】由中国教育部、俄罗斯教育部和中国驻俄罗斯大使馆主办，中国孔子学院总部/国家汉办承办的俄罗斯“汉语年”开幕式在莫斯科克里姆林宫举行。中共中央政治局常委、国家副主席习近平和俄罗斯总理普京共同出席开幕式。

【30 日】两岸合作编纂中华语文工具书第一轮会谈在北京举行。会谈旨在落实第五届两岸经贸文化论坛共同建议中提出的鼓励两岸民间合作编纂中华语文工具书的要求，逐步缩小两岸语言文字使用的差异，方便两岸民众交流往来。国家语委、台湾地区中华文化总会分别牵头开展两岸中华语文工具书合作编纂工作。7 月 3 日在台北举行第二轮会谈。9 月 11 日在北京举行第三轮会谈。三轮会谈达成以下共识：2011 年年底前编纂出版小型语文工具书《两岸常用词汇词典》；用三到五年的时间编纂出版中型语文工具书《中华语文大词典》；以云数据库形式共同建设两岸“中华语文知识库”；继续开展各学科名词对照工作并编辑出版《中华科技常用词典》《两岸科技名词大辞典》等工具书。

4月

【3 日】由教育部、国家语委、中央文明办共同主办的“中华诵 · 2010 经典诵读晚会（清明篇）”暨庆祝厦门大学建校 89 周年大型文艺晚会在厦门大学举办。6 月 13 日，“中华诵 · 2010 经典诵读晚会（端午篇）”在广州大学举办。7 月 16 日，“中华诵 · 2010 经典诵读晚会（七夕篇）”在北京交通大学举办。9 月 19 日，“第 13 届全国推广普通话宣传周闭幕式暨中华诵 · 2010 经典诵读晚会（中秋篇）”在西南政法大学举办。10 月 13 日，“中华诵 · 2010 经典诵读晚会（重阳篇）”在海口举办。

【7 日】国务院办公厅秘书局印发《关于加强对行政机关公文中涉及字母词审核把关的通知》。通知要求，强化在公文中依法使用国家通用语言文字的意识，严格规范使用公文中涉及的字母词，切实加强字母词的翻译审定工作，加强对公文中涉及字母词的审核把关等。

【12 日】由中国教育部、西班牙教育部和中国驻西班牙大使馆主办的 2010 年西班牙“汉语年”在马德里开幕。中国教育部副部长郝平、西班牙教育大臣安赫尔 · 加维隆多、中国驻西班牙大使朱邦造等 400 余人出席开幕式。

【28 日】由教育部、国家语委、中央文明办共同主办的“中华诵 · 经典诵读行动”启动仪式在北京举行。教育部副部长李卫红出席并讲话。该行动是教育部、国家语委、中央文明办在开展以“亲近经典、承续传统”为主题的“中华诵 · 经典诵读”系列活动基础上实施的。

【29日】教育部语用司发文部署第二届全国学生规范汉字书写大赛。大赛历时半年，共有938万余名学生参赛。

【30日】教育部、国家语委发文部署开展《国家通用语言文字法》颁布10周年纪念活动，要求各地加强对《国家通用语言文字法》的宣传贯彻。

5月

【3日】国务院任命李卫红为国家语委主任。

【6日】国家语委召开2010年度全体委员会议。教育部副部长、国家语委主任李卫红出席会议。教育部语用司、语信司向会议通报了国家语委2009年工作情况和2010年工作安排。与会代表围绕《语言文字规划纲要（讨论稿）》《外国语言文字使用管理规定（讨论稿）》《国家通用语言文字法》颁布10周年纪念活动安排等议题展开讨论。

【14日】国家民委印发《关于做好少数民族语言文字管理工作的意见》。意见明确了做好少数民族语言文字管理工作的指导思想、基本原则、任务措施等。

【17日】《全球华语词典》出版座谈会在人民大会堂举行。该词典荣誉顾问、全国政协原主席李瑞环和新加坡内阁资政李光耀出席会议并讲话。

【20日】教育部办公厅授权吉林省教育厅印发《义务教育朝鲜族学校朝鲜语文课程标准（试行）》。

【21日】由教育部、国家语委、中央文明办主办的第二届全国学生规范汉字书写大赛启动。大赛历时半年，全国938万多名学生参赛。大赛优秀获奖作品暨书法家祝贺作品展于2011年1月5日在北京民族文化宫举办。

6月

【9日】全国普通话培训测试信息化工作会议在合肥召开。教育部副部长、国家语委主任李卫红出席会议并讲话。

【21日】教育部、国家语委印发《关于在学校开展“中华诵·经典诵读行动”试点工作的通知》。

7 月

【16 日】教育部、国家语委、中国残联在北京师范大学举行“国家手语和盲文研究中心”共建暨揭牌仪式。中国残联党组书记、理事长王新宪，教育部副部长、国家语委主任李卫红等出席。

【21 日】教育部语用司印发《关于推进计算机辅助普通话水平测试工作等有关问题的通知》，决定全面开展计算机辅助测试试点工作。

【22 日】首期中小学诵读教育骨干教师国家级培训班在徐州师范大学举行。来自全国 14 个省（区、市）的 126 名中小学诵读教育骨干教师参加培训。

【29 日】中共中央、国务院发布《国家中长期教育改革和发展规划纲要（2010—2020 年）》。纲要要求，大力推广普通话教学，使用规范汉字；大力推进双语教学，全面开设汉语文课程，全面推广国家通用语言文字，尊重和保障少数民族使用本民族语言文字接受教育的权利，重视加强学前双语教育；国家对双语教学的师资培养培训、教学研究、教材开发和出版给予支持；支持国际汉语教育。

8 月

【1 日】由教育部、国家语委、中央文明办联合主办的“中华诵·2010 全国中小学夏令营”在山东潍坊开营。

【2 日】“中华诵·经典诵写讲”研讨会暨中华经典教育全国校长论坛在山东潍坊开幕。会议主题是研讨在各级各类学校深入推进“中华诵·经典诵读行动”的思路和举措。

【3 日】由国家语委普通话与文字应用培训测试中心和全国普通话水平测试研究会联合主办的第一期全国普通话水平测试站站长工作研修班在北京结业，全国 115 名测试站站长参加研修。

【本月】“中华诵·2010 经典诵读大赛”启动，全国共有 550 万余人参加。总决赛于 2011 年 1 月 17 日在北京举办。

9 月

【10 日】教育部语用司印发《关于开展规范汉字书写教育特色学校建设的通知》。

【12 日】第 13 届全国推普周活动在各地开展。本届推普周活动的主题是“规范使用国家通用语言文字，弘扬中华优秀文化传统”。开幕式在陕西师范大学举行。闭幕式在北京昌平举行。教育部副部长、国家语委主任李卫红出席开幕式、闭幕式及推普周系列活动。

【14 日】汉字应用水平测试试点工作领导小组会议在北京召开。教育部副部长、国家语委主任李卫红出席会议并讲话。会议听取了测试试点工作进展、今后的工作设想及《汉字应用水平等级标准》《汉字应用水平测试大纲》的修订情况等。

10月

【9 日】第四届语言与国家高层论坛暨第三届全国应用语言学系主任（所长）论坛在华中师范大学举办。

【16 日】由教育部语信司、中国人民大学、武汉大学、北京语言大学和商务印书馆主办的首届中国语言生活学术研讨会在中国人民大学召开。教育部副部长、国家语委主任李卫红出席开幕式并讲话。会议的主要议题是《中国语言生活状况报告》的开发利用和改进。

【19 日】教育部、国家语委发布语言文字规范 GF 0015-2010《汉语国际教育用音节汉字词汇等级划分》和 GF 0016-2010《汉语口语水平等级标准及测试大纲》，自 2011 年 2 月 1 日起实施。

【21 日】全国科学技术名词审定委员会召开第六届全国委员会全体会议。第十一届全国人大常委会副委员长、全国科学技术名词审定委员会主任路甬祥，解放军军事科学院院长刘成军，国家新闻出版总署副署长孙寿山，中国社会科学院副院长武寅，中国工程院副院长谢克昌，中国科协副主席陆延昌等出席会议。全国科学技术名词审定委员会第六届全国委员会委员、有关部门负责同志和各界代表共 200 余人参加会议。本次会议组成第六届全国委员会，路甬祥任主任，刘成军、曹健林、孙寿山、武寅、谢克昌、林蕙青、王杰、刘青任副主任，宋健、许嘉璐、韩启德担任特邀顾问，卜宪群等 129 人任委员。

11 月

【24 日】中共中央政治局委员、国务委员刘延东同俄罗斯副总理茹科夫出席在莫斯科举行的俄罗斯“汉语年”闭幕式并发表讲话。

【25 日】教育部举行新闻发布会，介绍《国家通用语言文字法》颁布 10 周年有关情况，发布《2009 年中国语言生活状况报告》。

12 月

【9 日】国家语委“十二五”科研工作研讨会在北京召开。教育部副部长、国家语委主任李卫红出席会议并作了题为《奋力推进国家语委科学研究工作，全面支撑国家语言文字事业发展》的讲话。教育部语信司、语用司、语用所的负责同志，有关省份教育厅分管领导、语委办主任，有关学术机构负责人以及专家学者共计 60 余人参加会议。

【23 日】新闻出版总署印发《关于进一步规范出版物文字使用的通知》。通知对新闻媒体和出版单位在汉语文出版物中规范使用外语作出规定，要求各级新闻出版行政部门将出版物使用语言文字情况，尤其是使用外语规范情况作为出版物质量检查和年度核验的重要内容，并将其纳入日常审读范围。

【30 日】国家语言资源检测与研究中心、北京语言大学、中国传媒大学、华中师范大学、中国新闻技术工作者联合会 、中国中文信息学会发布“2010 年度中国媒体十大流行语”。

【本年】教育部语用司委托内蒙古、广西、海南、四川、贵州、云南、西藏、甘肃、青海等九个省（区）民族地区开展少数民族双语教师普通话培训工作，978 名少数民族教师参加培训。

国家语委普通话与文字应用培训测试中心举办第 47 期、第 48 期国家级普通话水平测试员资格考核培训班，276 名学员参加培训，其中 270 名学员获得国家级普通话水平测试员资格证书。

孔子学院建设和汉语国际推广有力地推动了世界范围“汉语热”的持续升温，

170多所孔子学院所在大学已将汉语教学纳入本校的学分课程体系。

西宁市通过一类城市语言文字工作评估认定。

教育部语用司委托教育部考试中心研发的《汉语能力标准（试行）》《汉语能力测试大纲（试行）》经“汉语能力测试项目”学术委员会审议通过。

2011年

1月

【5日】“汉语盘点2010”年度字词网络征集活动揭晓仪式举行。

【20日】全国人大教科文卫委员会、教育部、国家语委、国务院法制办公室在北京联合召开纪念《国家通用语言文字法》颁布10周年座谈会。中共中央政治局委员、国务委员刘延东，全国人大常委会副委员长路甬祥出席会议并讲话。教育部部长袁贵仁、国务院法制办副主任袁曙宏、国家广电总局副局长李伟、解放军总政治部宣传部副部长禹光和江苏省人民政府副省长曹卫星在会上发言。全国人大教科文卫委员会主任委员白克明主持会议。

国家语委在北京召开2011年度语言文字工作会议。教育部副部长、国家语委主任李卫红出席会议并讲话。会议总结了2010年工作，部署了2011年工作。

“中华诵·2011经典诵读晚会（春节篇）”在北京外国语大学举行。

【本月】教育部语用司举办规范书写教育论坛。全国170余名各级教育行政部门语委办相关负责人、大中小学校长和书法教师代表出席论坛。

2月

【14日】教育部、国家语委向中央政治局常委、国务院总理温家宝报送《教育部、国家语委关于〈规范汉字表〉进展情况的报告》。2月21日，温家宝总理和中共中央政治局委员、国务委员刘延东分别作重要批示。

国家语委召开2011年度全体委员会议。教育部副部长、国家语委主任李卫红及18个部委的国家语委委员、联络员出席会议。会议通报了教育部语用司、语信司2010年语言文字工作情况和2011年工作安排。会议围绕贯彻落实纪念《国家通用语言文字法》颁布 10 周年座谈会精神以及《语言文字规划纲要（征求意见稿）》《外国语言文字使用管理规定（草稿）》《公共服务领域外文译写标准（研制方案）》和《国家语委“十二五”科研规划（征求意见稿）》等展开讨论。

【18 日】国家语委咨询委员会第 11 次会议在北京召开。第九届、第十届全国人大常委会副委员长，国家语委咨询委员会主任许嘉璐，国家语委咨询委员会副主任柳斌、朱新均，教育部副部长、国家语委主任李卫红以及其他咨询委员出席会议。会议听取了教育部语用司、语信司 2010 年工作情况、2011 年工作要点以及《语言文字规划纲要（征求意见稿）》等文件的研制情况汇报。

广电总局办公厅印发《关于进一步加强电视剧文字质量管理的通知》。通知要求，电视剧播出机构、制作机构和审查机构加强对电视剧文字质量的检查监管，促使电视剧整体制作品质进一步提升。

3 月

【3 日】国家语委在北京举办语言文字规范化标准化研修班。教育部副部长、国家语委主任李卫红出席并讲话。来自地方语委、教育部有关司局及事业单位、相关领域专业人员 60 余人参加学习。培训内容主要是学习了解《规范汉字表》内容，统一思想认识，为字表发布实施作准备。

【24 日】中国语言资源有声数据库建设上海建库工作启动。教育部副部长、国家语委主任李卫红，上海市副市长、市语委主任沈晓明出席启动仪式并讲话。

【本月】教育部语用司启动“中华诵·经典诵读活动”之“2011 全国中小学生作文大赛”。共有 34836 所学校组织学生参赛，共收到 314482 名中小学生的参赛作品 730241 篇。

全国推普周领导小组办公室主办的“全国‘双推’漫画大赛”启动。大赛历时四个多月，共收到漫画作品 8000 余幅；还举办了“全国‘双推’博客微博评比活动”，共收到作品 5736 篇。

4 月

【6 日】中国语言资源有声数据库建设试点总结会在南京举行，中国语言资源有

声数据库（江苏库）展示网同时开通。

【8 日】中国政策科学研究会国家安全政策委员会、国家语委在扬州联合举办“扬州论坛：语言与国家的安全和发展”。全国政协副主席李金华，中国政策科学研究会国家安全政策委员会会长巴忠倓，教育部副部长、国家语委主任李卫红出席活动并讲话。

【12 日】教育部办公厅发文部署开展第三批国家级语言文字规范化示范校申报、认定工作。12 月 1 日，教育部、国家语委发文认定北京市朝阳区芳草地国际学校等 506 所学校获国家级示范校称号。

【14 日】孔子学院总部 / 国家汉办应邀组团出席在美国旧金山举行的第四届全美中文大会。中共中央政治局委员、国务委员刘延东出席开幕式并致辞。

【本月】国家语委印发《关于印发〈国家语委“十二五”科研规划〉〈国家语委“十二五”科研规划 2011 年度项目指南〉〈国家语委科研项目管理办法（2011 年修订版）〉的通知》。

5 月

【5 日】《国家中长期语言文字事业改革和发展规划纲要（2010–2020 年）》培训会议在海口举行。教育部副部长、国家语委主任李卫红出席会议并讲话。

【6 日】教育部、国家语委、中共中央党史研究室印发《关于围绕纪念建党 90 周年在教育系统中开展“中华诵 · 颂歌献给党”红色经典诵读活动的通知》。

国际标准化组织信息与文献标准化技术委员会（ISO/TC46）第 38 届会议在澳大利亚悉尼召开。中国代表团提出修订 ISO 7098–1991《信息与文献——中文罗马字母拼写法》的提案。

【12 日】教育部、国家语委发布《2010 年中国语言生活状况报告》。

【27 日】中国语言资源有声数据库建设北京建库工作启动。教育部副部长、国家语委主任李卫红，北京市副市长、市语委主任洪峰出席启动仪式并讲话。

6月

【2日】教育部、国家语委、中央文明办在广西贺州举办“中华诵·2011经典诵读晚会（端午篇）”。

【8日】国家普通话水平测试在香港实施15周年纪念论坛在香港中文大学举办。教育部副部长、国家语委主任李卫红出席论坛并讲话。

【13日】教育部、国家语委、中央文明办在陕西延安举办“中华诵·颂歌献给党”红色经典诵读晚会（延安篇）。

【17日】教育部、国家语委、中央文明办在上海举办“中华诵·颂歌献给党”红色经典诵读晚会（上海篇），在江西吉安举办“中华诵·颂歌献给党” 红色经典诵读晚会（井冈山篇）。

【20日】教育部、国家语委、中央文明办在石家庄举办“中华诵·颂歌献给党”红色经典诵读晚会（西柏坡篇）。

【21日】教育部、国家语委、中央文明办在北京举办“中华诵·颂歌献给党”红色经典诵读晚会（北京篇）。教育部部长袁贵仁出席。

【23日】孔子学院总部/国家汉办和外交部新闻司共同举办的首期外国驻华记者汉语培训班在北京开班。来自9个国家的16位驻华记者参加历时2个月的汉语培训。

【28日】中国盲文图书馆在北京建成开馆。

7月

【4日】教育部语用司印发《开展“中华诵·2011经典诵读大赛”“中华诵·2011全球华人学生暨全国学生规范汉字书写大赛”的通知》，正式启动2011年“中华诵”两项赛事。全国约有640余万名学生参加规范汉字书写大赛。

【29日】国家质检总局、国家标准委发布国家标准GB/T 15835-2011《出版物上数字用法》（代替GB/T 15835-1995），自2011年11月1日起实施。

【31日】孔子学院总部/国家汉办举办了2011年汉语考试夏令营。23个国家的529名在汉语水平考试（HSK）、新中小学生汉语考试（YCT）等汉语考试中取得优异成绩的考生应邀来华参加此次活动。

8月

【1 日】由教育部师范教育司统筹规划、语用司业务指导的“国培计划（2011）”中小学经典诵读教育骨干教师国家级培训在徐州师范大学举办。

【8 日】教育部、国家语委、中央文明办在江苏连云港举办“中华诵·2011 中小学生夏令营”活动。来自全国 29 个省（区、市）和香港特别行政区的 140 余名师生参加活动。

【17 日】《通用规范汉字表》经国务院常务会议审议通过，待进一步审核后发布。

【29 日】《公共服务领域外文译写规范·英文》专家委员会成立会暨研讨会在北京召开。教育部副部长、国家语委主任李卫红出席会议并讲话。教育部语信司、国家标准委、北京市政府外事办公室，北京市、上海市、江苏省地方语委负责人出席会议。会上开通了公共服务领域外文译写网站。

9月

【11 日】第 14 届全国推普周活动在各地展开。本届推普周活动的主题是“提升国家通用语言文字应用能力，弘扬中华优秀文化传统”。开幕式在内蒙古鄂尔多斯市伊金霍洛旗举行。教育部副部长、国家语委主任李卫红出席开幕式并讲话。闭幕式在拉萨举行。

10月

【18 日】中国共产党第十七届中央委员会第六次全体会议审议通过《中共中央关于深化文化体制改革推动社会主义文化大发展大繁荣若干重大问题的决定》。决定提出，要大力推广和规范使用国家通用语言文字，科学保护各民族语言文字。

【28 日】普通话审音委员会成立会在北京举行，第三次普通话审音工作启动。审音委员会由来自语言学、教育学、普通话研究以及播音主持、科技名词、地名、民族语言等领域的专家组成。第九届、第十届全国人大常委会副委员长许嘉璐担任特邀顾问，国家语委原副主任曹先擢、中国社会科学院文史哲学部主任江蓝生、北京大学教授王理嘉担任学术顾问，北京大学教授王洪君担任审音委员会主任。

【30日】中国国务院侨务办公室和中国海外交流协会主办的第二届世界华文教育大会在西安开幕。来自37个国家和地区的近600名各界代表参加会议。

【31日】国家质检总局、国家标准委发布国家标准GB/T 28039-2011《中国人名汉语拼音字母拼写规则》，自2012年2月1日起实施。

11月

【8日】国家语委、中国残联2011年度重大科研项目“国家通用手语标准研制”和“国家通用盲文标准修订”开题会在北京召开。教育部副部长、国家语委主任李卫红出席会议并讲话。

【11日】国家语委在上海外国语大学召开国家语委“十二五”科研工作座谈会。座谈会上，国家语委首个科研基地“中国外语战略研究中心”揭牌成立。

【23日】汉语能力测试试点工作部署会在北京召开。教育部副部长、国家语委主任李卫红出席会议并讲话。

【28日】教育部语用司印发《关于汉语能力测试试点工作的通知》。

12月

【3日】教育部语用司主办的首届全国规范汉字书写书法教师培训在北京举办，120名教师参加学习。

【12日】第六届孔子学院大会在北京举行。中共中央政治局常委李长春出席开幕式并为全球孔子学院先进个人和突出贡献奖获奖者颁奖。中共中央政治局委员、国务委员、孔子学院总部理事会主席刘延东出席开幕式并致辞。教育部部长、孔子学院总部理事会副主席袁贵仁作总结报告。大会主题为“孔子学院可持续发展”。来自96个国家和地区的1400位大学校长和孔子学院代表出席。

【14日】“汉语盘点2011”活动在北京举行。活动发布了2011年度字词及年度“十大流行语”“十大新词语”。

【22日】教育部、民政部、财政部、中国残联印发《残疾人教育工作“十二五”实施方案》。方案提出，要深入开展手语和盲文研究推广工作。

【24 日】中共中央政治局常委、国家副主席习近平参观泰国朱拉隆功大学孔子学院。

【30 日】国家质检总局、国家标准委发布国家标准 GB/T 15834–2011《标点符号用法》（代替 GB/T 15834–1995），自 2012 年 6 月 1 日起实施。

【本年】国家语委普通话与文字应用培训测试中心和全国普通话水平测试研究会共同举办第二期、第三期全国普通话水平测试站站长管理工作研修班，211 名普通话测试站站长或代表参加学习。

国家语委普通话与文字应用培训测试中心举办了两期国家级普通话测试员培训班，235 名学员参加培训，其中 208 名学员获得国家级普通话水平测试员资格证书。

两岸合作编纂中华语文工具书第四轮、第五轮、第六轮会谈分别于 3 月 23 日、6 月 29、10 月 25 日举行。第六轮会谈商定，于 2012 年 2 月初在北京、台北同时发布中华语文工具书合作编撰成果，正式开通两岸“中华语文知识库”网站，公布大陆版及台湾版《两岸常用词典》样书。

2012年

1月

【7日】由国家语委指导，教育部语用所、南京大学中国语言战略研究中心、广州大学联合主办的语言服务研究高级论坛在广州大学举行。

国务院批复同意教育部建立外语中文译写规范部际联席会议制度。联席会议由国家语委牵头，中央外宣办、中央编译局、外交部、教育部、民政部、广电总局、新闻出版总署、新华社、中科院等10个部门和单位组成。外语中文译写规范部际联席会议的主要职能是，统筹协调外国人名、地名和事物名称等专有名词的翻译工作；组织制定译写规则，规范已有外语词中文译名及其简称，审定新出现的外语词中文译名及其简称。联席会议设立办公室，成立专家委员会。

2月

【8日】两岸合作编纂中华语文工具书大陆编委会与台湾地区中华文化总会，同一时间在北京与台北分别举行合作成果发布会。第九届和第十届全国人大常委会副委员长、中华语文工具书首席顾问许嘉璐，中共中央台湾工作办公室副主任叶克冬，教育部副部长、国家语委主任李卫红，以及教育部、新闻出版总署、中国教育出版传媒集团等部门和单位的相关负责人，中华语文工具书大陆编委会各项目组组长出席北京发布会。台湾地区领导人马英九出席台北发布会。在发布会上，两岸同时开通了大陆版、台湾版“中华语文知识库”网站，大陆版、台湾版《两岸常用词典》样书在北京、台北发布会上亮相。

【16日】教育部、国家语委在北京召开2012年度全国语言文字工作会议。教育部副部长、国家语委主任李卫红出席会议并作了题为《深入学习贯彻党的十七届六中全会精神，大力推进语言文字事业科学发展》的讲话。

3 月

【2 日】2012 年国家语委全体委员会议在北京召开。教育部副部长、国家语委主任李卫红出席会议并讲话。会议总结了 2011 年工作，部署了 2012 年工作，并围绕各部门学习贯彻党的十七届三中全会关于语言文字工作的要求和《语言文字规划纲要（讨论稿）》展开研讨。

【本月】教育部语信司举办的“我与语言文字规范标准”征文活动结束。活动共收到征文 41870 篇。

4 月

【1 日】“中华诵 · 经典诵读行动”2012 年全国中小学生作文大赛全面启动。大赛共收到参赛作文 189259 篇，全国 20926 所学校的学生及家长共计 120 余万人参与了活动。

5 月

【4 日】国家语委印发《国家语委科研基地管理办法（试行）》。

【14 日】教育部语用所与香港考试及评核局在京签署合作协议。教育部部长助理林惠青出席签约仪式并讲话。

【21 日】中国语言资源有声数据库建设培训（第一期）在江苏开展。50 多位语委、民语委负责人和专家学者参加培训。

【28 日】国家语委咨询委员会第 12 次会议在北京召开。会议由第九届和第十届全国人大常委会副委员长、国家语委咨询委员会主任许嘉璐主持，教育部副部长、国家语委主任李卫红出席会议并讲话。会议听取了国家语委 2011 年工作情况、2012 年工作要点和未来五年工作设想汇报，就贯彻落实党的十七届六中全会精神，修订实施《语言文字规划纲要》进行研讨。

【29 日】教育部、国家语委发布《2011 年中国语言生活状况报告》。

【本月】教育部语信司派员赴柏林参加第 39 届国际标准化组织信息与文献标准化技术委员会（ISO/TC46）会议，讨论 ISO 7098《文献工作——中文罗马字母拼写法》

修订工作。

6月

【7日】“中国语言能力测试研究发展中心”揭牌仪式在天津市语言文字培训测试中心举行。教育部副部长、国家语委主任李卫红，天津市语委主任、副市长张俊芳出席并讲话。教育部语信司和天津市教委共建“中国语言能力测试研究发展中心”的签约仪式同时举行。

【20日】外语中文译写规范部际联席会议专家委员会成立会在北京召开。教育部副部长、国家语委主任、联席会议召集人李卫红出席会议并讲话。

【29日】国家质检总局、国家标准委发布GB/T 16159-2012《汉语拼音正词法基本规则》，自2012年10月1日起实施。

8月

【本月】台湾版、大陆版《两岸常用词典》相继出版。大陆版词典由高等教育出版社出版。该词典共收字7000多个，收词35000多条。

教育部语用司举办的“中华诵·2012全国中小学生作文大赛”结束。大赛自4月启动，共有20926所学校的学生及家长共计120余万人参与。

全国推普周领导小组办公室面向全社会组织开展的推普周宣传素材网络征集活动结束。活动自6月启动，共有1552人参与活动，共创作宣传海报481份、公益视频广告60份、宣传口号2725条。

9月

【3日】中法语言政策与规划比较研究国际研讨会在北京语言大学召开，教育部副部长、国家语委主任李卫红和法国驻华大使白林出席并致辞。研讨会是“中法语言年”系列活动的组成部分，目的在于促进两国在语言政策和规划方面的交流与合作，增进相互了解。

两岸合作编纂中华语文工具书第七轮会谈在北京举行。会谈就2012年双方工作进展情况、2013 年合作及互访计划进行交流，并达成协议：1. 合作编写两岸词语实用手册；2. 近两年完成《中华语文大词典》35000 条词语的编写任务；3. 为双方民众网上查询词典内容提供更多服务。

【4 日】《两岸常用词典》赠书仪式在北京举行。教育部副部长、国家语委主任李卫红，海峡两岸关系协会副会长李亚飞共同代表两岸合编中华语文工具书大陆编委会，向两岸合编中华语文工具书台湾地区总召集人、台湾地区中华文化总会秘书长杨渡赠送了 200 本大陆版《两岸常用词典》，杨渡回赠了台湾版《两岸常用词典》。

【14 日】第 15 届全国推普周活动在各地展开。本届推普周活动的主题为“大力推广和规范使用国家通用语言文字”。当日，开幕式在北京中华世纪坛举行，教育部部长、全国推广普通话宣传周领导小组组长袁贵仁，北京市副市长程红出席开幕式并讲话。重点宣传活动在河北省邢台市宁晋县举办。

【25 日】全国语言文字标准化工作会议在贵阳召开。教育部语信司司长张浩明出席会议并讲话。会议总结了语言文字规范标准建设工作成果，分析了当前语言文字标准化工作出现的新情况、新问题，部署了新时期语言文字标准化工作的目标和任务。

10 月

【30 日】新闻出版总署发布《国家“十二五”少数民族语言文字出版规划》。

11 月

【2 日】教育部语用司举办“国培计划（2012）”中小学经典诵读教育骨干教师国家级培训班。全国 148 名中小学教师参加培训。

【3 日】由国家汉办和中国人民大学共同主办的第三届世界汉学大会在中国人民大学开幕，会议的主题是“汉学与当今世界”。

【8 日】中共中央总书记、国家主席胡锦涛在中国共产党第十八次全国代表大会上作了题为《坚定不移沿着中国特色社会主义道路前进，为全面建成小康社会而奋斗》的报告。报告指出，要“推广和规范使用国家通用语言文字”。

12月

【1日】由中国教育部、欧盟委员会主办，北京外国语大学承办的2012中国—欧盟语言合作研讨会在北京召开。教育部副部长郝平出席会议并致辞。研讨会旨在推动中文和欧洲语言的海外传播，为学习语言的师生提供培训机会、促进交流，强调语言作为增进理解的工具的重要性。来自中国和欧盟的100多位专家学者就当前中欧语言合作领域的前沿和热点问题进行了研讨。

【4日】教育部、国家语委发布《国家中长期语言文字事业改革和发展规划纲要（2012—2020年）》。纲要包括五部分内容，提出了“围绕中心、服务大局，拓宽视野、改革创新，增强国家语言实力，提高国民语言能力，构建和谐语言生活，推进语言文字事业全面发展”的指导思想；提出了“大力推广、规范使用、科学保护、和谐发展”的工作方向；确定了大力推广和普及国家通用语言文字、推进语言文字规范化标准化信息化建设、加强语言文字社会应用监督检查和服务、提高国民语言文字应用能力、科学保护各民族语言文字、弘扬传播中华优秀文化、加强语言文字法制建设等七项主要任务；确定了推广普及、基础建设、督查服务、能力提升、科学保护、文化传承等六项重点工作；提出了创新理念思路、创新工作机制、创新管理服务、扩大对外开放、强化人才保障、提高科研水平、加大宣传力度、保障经费投入等八项创新与保障措施。

【6日】第五届全国普通话培训测试学术研讨会在北京举行。来自各省（区、市）及港澳地区的专家学者、普通话培训测试机构负责人100余人参加会议。

【10日】《公共服务领域英文译写规范通则》审定会在北京举行。教育部副部长、国家语委主任李卫红出席会议并讲话。该规范通过了国家语委语言文字规范标准审定委员会的审定。

【12日】国家语委科研基地“中国语言文字规范标准研究中心”成立仪式在北京语言大学举行，这是国家语委第二个科研基地。教育部副部长、国家语委主任李卫红出席活动并讲话。

【16日】第七届全球孔子学院大会在北京举行。中共中央政治局委员、国务委员刘延东出席会议并致辞，教育部副部长郝平作总结讲话。

【20 日】“汉语盘点 2012”活动公布了年度国内字、国内词、国际字、国际词和年度“媒体十大流行语”“媒体十大新词语”“媒体十大网络用语”。

【24 日】国家汉语汉字学习平台及汉语汉字资源库建设领导小组成立并启动该平台建设工作。教育部副部长、国家语委主任、国家汉语汉字学习平台及汉语汉字资源库建设领导小组组长李卫红出席会议并讲话。

【本年】“国培计划（2012）”少数民族双语教师普通话培训顺利举办，共有 1000 余名少数民族双语教师参加培训。

国家语委普通话与文字应用培训测试中心举办了一期国家级普通话水平测试员培训班，139 名学员参加培训，其中 130 名学员通过考核获得国家级普通话水平测试员资格证书。

2013 年

1月

【6 日】教育部、国家语委发布 GB 0017-2013《识字教学用通用键盘汉字字形输入系统评测规则》，自 2013 年 5 月 1 日起实施。

【10 日】普通话审音委员会会议在北京召开。普通话审音委员会顾问、委员及秘书处成员、相关课题组成员出席会议。会议听取了普通话审音委员会秘书处和《普通话异读词审音表》修订课题组所作的工作报告，并审议了相关成果。

【18 日】教育部印发《中小学书法教育指导纲要》。纲要规定，从春季开学开始，书法教育将纳入中小学教学体系，学生将分年龄、分阶段修习硬笔和毛笔书法。

教育部、国家语委在北京召开 2013 年度全国语言文字工作会议暨《语言文字规划纲要》宣传培训会。教育部副部长、国家语委主任李卫红出席会议，作了题为《深入贯彻十八大精神，认真落实语言文字规划纲要，全面推进语言文字事业科学发展》的讲话。

3月

【19 日】2013 年国家语委全体委员会议在北京召开。会议宣讲了《语言文字规划纲要》，通报了 2012 年国家语委工作，部署安排了 2013 年工作。

【21 日】教育部语信司、上海市教科院签约共建“国家语言文字政策研究中心”。

【25 日】由教育部人事司、语用司主办的《语言文字规划纲要》专题培训班在浙江大学举办。来自各省级、地市级语委办和测试中心及相关高校语委干部 200 余人参加培训。

4 月

【8 日】教育部语信司、北京语言大学、德国德古意特出版社、商务印书馆在北京联合举行《中国语言生活状况》第 1 卷英文版发布会。《中国语言生活状况》于 2013 年 3 月在柏林和纽约正式出版。

【27 日】国家语委咨询委员会第 13 次会议在北京召开。会议听取了国家语委 2012 年工作总结及 2013 年工作计划报告，围绕贯彻落实党的十八大精神和《语言文字规划纲要》，就研制《〈国家通用语言文字法〉实施办法》、强化语言文字社会应用的监督检查和服务、建立中长期语言文字规范标准体系和积极推进语言文字信息化发展战略等咨询要点展开讨论。

5 月

【8 日】教育部语用司印发《关于在语言文字工作系统开展“我的中国梦”主题教育活动工作安排的通知》。

【20 日】教育部语信司印发《关于实施国家语委“语言文字国际高端专家来华交流项目”的通知》，计划不定期邀请一批国际上从事语言文字应用研究的高端专家来华开展交流活动，以借鉴国际相关研究成果，加强国家语委相关科研机构和专家队伍建设，提升我国语言文字工作的国际合作与交流水平。

【26 日】“中德语言年”活动在德国柏林开幕，于 2014 年 7 月 7 日在北京天坛公园闭幕。国务院总理李克强、德国总理默克尔出席开幕式和闭幕式。

6 月

【5 日】国务院印发《关于公布〈通用规范汉字表〉的通知》。《通用规范汉字表》是贯彻《国家通用语言文字法》，适应新形势下社会各领域汉字应用需要的重要汉字规范。通知规定，《通用规范汉字表》公布后，社会一般应用领域的汉字使用应以《通用规范汉字表》为准，原有相关字表停止使用。《通用规范汉字表》收字 8105 个，分为三级。一级字表为常用字集，收字 3500 个，主要满足基础教育和文化普及的基本用字需要，也可以作为义务教育阶段的识字标准。二级字表收字 3000 个，常用度仅次于一级字。一、二级字表合计 6500 字，主要满足出版印刷、辞书编纂和信息处

理等方面的一般用字需要。三级字表收字 1605 个，是姓氏人名、地名、科学技术术语和中小学语文教材文言文用字中未进入一、二级字表的较通用的字，主要满足信息化时代与大众生活密切相关的专门领域的用字需要。《通用规范汉字表》还有两个附表，分别是《规范字与繁体字、异体字对照表》和《〈通用规范汉字表〉笔画检字表》。

教育部、国家语委发布《2012 年度中国语言生活状况报告》。

7月

【2 日】全国视障人员普通话水平测试启动仪式在南京举行，教育部副部长、国家语委主任李卫红出席并启动测试工作。

【5 日】两岸语言文字交流与合作协调小组在北京成立，采取民间形式积极推动海峡两岸语言文字交流与合作。许嘉璐、陈章太担任协调小组顾问，李宇明担任协调小组组长。

【10 日】两岸合作编纂中华语文工具书工作第八轮会谈在北京举行。会谈提出了共同建设两岸语料库、共同发布两岸语文报告、开展两岸青少年经典诵读夏令营活动、编纂《两岸常用差异词表》等多项新任务，还提出要继续编写两岸中型语文词典和《两岸科学与技术常用词典》等任务。

【26 日】国家语委印发《关于印发外语中文译写规范部际联席会议专家委员会成员名单的通知》。通知明确了专家委员会工作职责：负责审定外语专有名词中文译写规则，审定或裁定已有外语词中文规范译名及其简称，审定新出现的外语词中文规范译名及其简称。专家委员会顾问许嘉璐、陈章太、周有光、陈琳，召集人姚喜双，首席专家陈明明、陈运泰、方明、黄勇、黄友义、李瑞英、李行健、李宇明、孙秀东、童孝华、夏吉宣、徐英、衷爽，还有 63 位专家来自于部际联席会议各成员单位。

8月

【2 日】由国家语委、中央电视台联合主办的首届“中国汉字听写大会”在中央电视台综合频道、科教频道持续播出，至 10 月 18 日结束。31 个省（区、市）学生

及在内地受教育的港澳台学生 160 余人组成 32 支代表队参与了竞赛。

【11 日】国家语委向全国科学技术名词审定委员会复函，同意用“𫓧”“𫟷”两字分别作为第 114 号、116 号元素的中文名称并纳入国家规范用字。

【26 日】教育部教育督导办公室、语用司印发《关于开展中小学校语言文字工作督导评估的通知》。通知要求，将中小学校语言文字工作督导评估纳入素质教育督导评估范畴。

9 月

【6 日】由中央电视台主办，中国社会科学院语言研究所、北京语言大学、商务印书馆协办的首届中国汉字书写和传承高峰论坛在北京举行。教育部副部长、国家语委主任李卫红出席论坛并发表主旨演讲。

【9 日】教育部语用司印发《关于开展视障人员普通话水平测试工作的通知》，启动视障人员普通话水平测试工作。该项工作旨在进一步推动普通话的普及，提高视障人员平等参与社会生活的能力。

【11 日】第 16 届全国推普周活动在各地开展。本届推普周活动的主题是“推广普通话，共筑中国梦”。当日，开幕式在三亚举行。教育部副部长、国家语委主任李卫红，海南省副省长、省语委主任王路出席开幕式并讲话。

【13 日】外语中文译写规范部际联席会议专家委员会召开审议会。会议审议并确定将“PM2.5 细颗粒物”等 10 组外语词中文译名作为第一批向社会推荐使用的外语词中文译名，审议并原则通过了《关于外语词中文译名审定发布的工作机制》；并就加强外语词中文译名的宣传推广、字母词使用的监测监督和扩大译写规范工作的公众参与度进行了研讨。

10 月

【9 日】教育部等十二部门印发《关于贯彻实施〈通用规范汉字表〉的通知》。通知要求，深刻认识和领会发布实施《通用规范汉字表》的重要意义，认真组织开展宣传培训工作，大力推动《通用规范汉字表》在相关领域的贯彻实施。

【11 日】教育部印发《关于同意全国藏文、蒙古文、朝鲜文教材审查委员会换届及人员组成的批复》，审查委员会委员本届任期 4 年。

11 月

【7 日】《国家通用语言文字法》贯彻落实调研现场会在哈尔滨召开。全国人大教科文卫委员会副主任委员吴恒，教育部副部长、国家语委主任李卫红，黑龙江省副省长孙东生等出席会议。会议总结了《国家通用语言文字法》颁布实施 13 年来取得的成绩和经验，研究探讨了语言文字法制建设工作中存在的问题和困难，对未来一段时期的语言文字依法管理、执法监督工作提出了要求。15 个省（区、市）人大教科文卫委员会负责同志，全国各省级教育行政部门分管负责人及语委办负责人 120 余人出席会议。

【25 日】教育部语用司在广州举办 2013 语言文字工作中小学骨干校长培训班。全国 129 位中小学校长参加培训。

【本月】国家语委举办纪念《汉语拼音方案》颁布 55 周年系列学术纪念活动。活动于 12 月结束。《光明日报》《中国教育报》《语言文字应用》等报刊发表系列纪念文章。

国家语委联合中国书法家协会印发《关于开展“书法名家进校园”活动的通知》。通知要求各地在中小学组织开展“书法名家进校园”活动，搭建平台，引导广大师生感受汉字和书法的魅力，激发热爱汉字、学习书写的热情，全面提升汉字书写水平。

12 月

【6 日】由教育部语用司和中国传媒大学联合主办的以“中国梦，我的梦”为主题的第 15 届齐越朗诵艺术节暨全国大学生朗诵大会总决赛在北京举行。来自全国 95 所高校的 430 部优秀作品参加此次比赛。

【7 日】由孔子学院总部 / 国家汉办主办的第八届全球孔子学院大会在北京国家会议中心开幕。来自世界各地的 2000 多名中外代表参加大会。

【8 日】教育部、国家语委和德国驻华大使馆联合举办的中德语言文化政策高层论坛在北京外国语大学召开。论坛主题为“语言——中德文化之桥”。教育部副部

长、国家语委主任李卫红出席论坛开幕式并致辞，德国驻华大使柯慕贤以及来自中、德两国的 70 余名专家学者及政府官员出席本次活动。

【12 日】国家语委、中国书法家协会联合组织的“书法名家进校园”活动在北京语言大学启动。第十二届全国政协副主席马飚，教育部副部长、国家语委主任李卫红，中国教育发展基金会理事长张保庆，中国书法家协会党组书记赵长青及著名书法家欧阳中石等出席活动。

【19 日】“国培计划（2013）”中小学经典诵读教育骨干教师培训班在江苏师范大学举办，162 名教师参加培训。

【25 日】教育部印发《民族中小学汉语课程标准（义务教育）》，旨在促进少数民族中小学汉语课程建设，推动少数民族中小学汉语教学的改革与发展。

【31 日】国家质检总局、国家标准委发布国家标准 GB/T 30240.1-2013《公共服务领域英文译写规范第 1 部分：通则》，自 2014 年 7 月 15 日起实施。

新闻出版广电总局印发《关于规范广播电视节目用语推广普及普通话的通知》。通知要求，广播电视节目规范使用通用语言文字，在推广普及普通话方面发挥带头示范作用。

两岸合作编纂中华语文工具书工作第九轮会谈在台北举行。会谈决定从 2014 年起，适时发布两岸语文报告，实现两岸语料库的共建共享；每年开展一次两岸大学生汉字艺术交流活动，首届两岸大学生汉字艺术交流夏令营将于 2014 年在大陆举行。会谈期间，中华文化总会会长刘兆玄会见了大陆代表团、两岸合编中华语文工具书大陆总召集人姚喜双一行。

【本年】第一期、第二期《通用规范汉字表》专题培训班分别在南京农业大学和四川大学举行，来自省级和地市级语委办的工作人员、省级教研员、相关省（区）民语委办的工作人员及语言文字相关学会成员共 210 人参加培训。

国家语委普通话与文字应用培训测试中心举办了一期国家级普通话水平测试员培训班，116 名学员参加培训，其中 111 名学员获得国家级普通话水平测试员资格证书。

“国培计划（2013）”少数民族双语教师普通话培训项目在四川、西藏、新疆等 10 个省区举办。

2014年

1月

【7日】普通话审音委员会年度会议在北京召开。普通话审音委员会顾问、委员及秘书处成员，相关课题组成员出席会议。普通话审音委员会听取了秘书处和普通话审音原则制定及《普通话异读词审音表》修订课题组的工作汇报，审议了课题的中期成果，并就审音过程中涉及的文白异读、普通话与方言的关系、海峡两岸语音差异、科技名词和地名中的读音问题等展开了讨论，对下一步需立项研制的语音标准提出了意见和建议。

【22日】教育部、国家语委在北京召开全国语言文字信息化工作视频会议，深入学习贯彻十八届三中全会精神，全面落实《语言文字规划纲要》，以改革创新精神推进语言文字信息化建设。教育部副部长、国家语委主任李卫红，工业和信息化部相关负责同志出席会议并讲话。

2月

【28日】国家语委在北京召开2014年度全国语言文字工作会议。教育部副部长、国家语委主任李卫红出席会议，并发表《以改革创新精神大力推进〈语言文字规划纲要〉的全面落实》的讲话。

3月

【10日】国家语委印发《关于进一步做好语言文字信息化工作的若干意见》。意见提出了依法规范重点领域信息技术产品中的语言文字应用、制定语言文字信息处理急需的规范标准、大力推进语言资源建设、构建语言文字工作信息化平台、提升少数民族语言文字信息化水平、强化语言文字信息化的应用与服务等任务。

4 月

【18 日】国家语委与中央电视台联合举办的首届“中国成语大会”节目在中央电视台综合频道和科教频道播出，至 7 月 6 日结束。全国共有 3 万多人报名参加，36 位选手进入决赛，节目累计收视人数达 5.59 亿。

5 月

【5 日】外语中文译写规范部际联席会议专家委员会审议会暨联席会议办公室会议在北京召开。会议审议通过了第二批向社会推荐使用的外语词中文译名表 16 组，举行了外语中文译写规范网的开通仪式，听取了联席会议办公室 2013 年的工作情况汇报，并对 2014 年的工作计划以及如何进一步做好工作提出了意见和建议。

【23 日】第 28 期中央普通话进修班结业式在北京举行。这是中央普通话进修班中断 15 年后首次恢复举办。来自 10 个省、自治区民族地区的学员参加进修。教育部副部长、国家语委主任李卫红出席结业式并讲话。

【27 日】民政部在泉州市举办全国地名文化培训班。民政部副部长宫蒲光出席开班式并讲话。各省（区、市）民政厅（局），新疆生产建设兵团民政局，北京、天津、上海市地名工作主管部门负责人和业务骨干共 90 余人参加培训。

【29 日】教育部、国家语委发布《2013 年度中国语言生活状况报告》。

【30 日】中共中央总书记、国家主席习近平在北京市海淀区民族小学主持召开座谈会。他指出，中国字是中华文化传承的标志，书法课必须坚持；文化软实力是国家综合实力的重要体现，同学们要多背一些优秀古诗词，长大以后才能文思泉涌。

6 月

【5 日】中国政府与联合国教科文组织合作举办的世界语言大会在苏州召开。中共中央政治局委员、国务院副总理刘延东，联合国教科文组织总干事伊琳娜·博科娃出席开幕式并讲话。第九届、第十届全国人大常委会副委员长许嘉璐发表主旨演讲。教育部部长袁贵仁主持会议。教育部副部长、国家语委主任李卫红，联合国教科文组织执行局主席穆罕默德·艾米尔等作主旨发言。联合国教科文组织第 37 届大会主席、教育部副部长郝平在闭幕式上作总结讲话。来自全球 96 个国家和地区的 409 名

政府官员、学者和学术团体代表参加会议。会议围绕“语言能力与人类文明和社会进步”的主题，分别从语言能力与社会可持续发展、语言能力与语言教育创新、语言能力与国际交流合作等方面展开研讨，形成以《苏州共识》为标志的会议成果。

【25 日】教育部、国家语委以“中国语言生活绿皮书”A 系列形式发布《旅游行业普通话水平测试等级标准及测试大纲（草案）》《普通话朗诵水平测试等级标准及测试大纲（草案）》《普通话演讲水平测试等级标准及测试大纲（草案）》《夹用英文的中文文本的标点符号用法（草案）》。

7月

【1 日】第二次全国地名普查工作启动。地名普查的目的是查清地名基本情况，掌握地名基础数据，提高地名标准化水平，加强地名信息化服务建设，为社会提供全面准确的地名信息。地名普查的范围是第二次全国地名普查试点区域以外的全国所有陆地国土（不含香港、澳门、台湾地区）。此次地名普查历时 4 年，至 2018 年 6 月 30 日结束。

【8 日】由国家语委牵头的两岸合编中华语文工具书大陆编委会和中华文化总会在绍兴文理学院共同举办了“2014 两岸大学生汉字书法艺术交流夏令营”。来自浙江省和台湾地区高校的 100 名大学生参加夏令营。

【10 日】国家语委、教育部语信司与北京外国语大学共建“国家语言能力发展研究中心”。

【13 日】国家语委与中央电视台联合举办的第二届“中国汉字听写大会”在中央电视台综合频道和科教频道播出，至 10 月结束。本次大会共有 32 支省级代表队与香港、澳门、台湾地区代表队及外国学生代表队的 180 名学生参加，节目累计收视人数达 4.3 亿。

【21 日】第 12 届国际语言学奥林匹克竞赛在北京开幕。来自美国、俄罗斯、日本等 28 个国家和地区的 39 支代表队，共 164 名选手汇聚北京语言大学参加总决赛。

【本月】国家语委在北京华文学院举办首期语言文字应用研究优秀中青年学者研修班。来自全国各地的 65 位中青年学者参加研修。

8月

【27 日】两岸合作编纂中华语文工具书工作第十轮会谈在北京举行。会谈确定了《中华语文大词典》的编纂目标，决定继续拓展两岸中华语文知识库网站的内容、2015 年在台湾地区举办两岸青少年书法艺术交流夏令营、协调组织开展两岸语言文字学术交流活动等。

9月

【15 日】第 17 届全国推普周活动在各地举行。本届推普周活动的主题为“说好普通话，梦圆你我他”。开幕式在厦门举行。重点宣传活动分别在贵阳、河北省滦平县开展。教育部副部长、国家语委主任李卫红出席滦平县的活动并讲话。

【16 日】由中国教育部、国家语委、中国驻法大使馆和法国外交部、文化部共同主办的第二届中法语言政策与规划研讨会在巴黎举办。会议聚焦中法语言政策与规划研究，旨在进一步加深对中法两国语言和文化的相互理解，促进两国的人文交流。中法两国 40 余位专家学者及政府官员参加研讨会。中法高级别人文交流机制中方协调人、教育部副部长郝平出席研讨会闭幕式并讲话。

【27 日】为庆祝孔子学院成立 10 周年，首个全球“孔子学院日”启动仪式在北京举行。在全球 123 个国家和地区，有近 1200 所孔子学院和孔子课堂同时举办各类中国语言文化体验活动，共计 3000 余场。

【29 日】外语中文译写规范部际联席会议专家委员会审议通过了第三批推荐使用的外语词中文译名 22 组。

10月

【13 日】教育部语言文字应用研究所成立 30 周年暨普通话水平测试工作开展 20 周年纪念座谈会召开。教育部副部长、国家语委主任李卫红出席会议并讲话。她总结并肯定了教育部语用所 30 年来的成绩和贡献，强调要继承和坚持宝贵的发展经验，围绕国家战略谋求未来的发展。教育部语用所所长张世平等出席会议。

11月

【8日】国务院办公厅发文批准建立由教育部、国家语委作为召集单位，中央编译局、中国外文局、外交部、民政部、文化部、新闻出版广电总局、国务院新闻办、新华社、中国科学院、中国社会科学院作为成员单位的部际联席会议机制，负责统筹协调中华思想文化术语传播工作。联席会议的名称从“外语中文译写规范部际联席会议”调整为“外语中文译写规范和中华思想文化术语传播部际联席会议”。

【18日】《汉字简繁文本智能转换系统》正式发布。该系统克服了同类软件在“一简对多繁”转换情况下的不足，准确率达到99.99%。该项目是教育部、国家语委为落实《第五届两岸经贸文化论坛共同建议》设立的专项项目，由厦门大学、教育部语用所、北京师范大学联合承担。

【27日】新闻出版广电总局印发《关于广播电视节目和广告中规范使用国家通用语言文字的通知》。通知要求各级广电机构充分认识规范使用国家通用语言文字的重大意义，高度重视规范使用成语的必要性，严格规范使用国家通用语言文字，加强审查管理和排查整治工作。

【28日】教育部语用司和中国传媒大学共同主办的第16届齐越朗诵艺术节暨第二届全国大学生朗诵大会总决赛暨颁奖晚会举行。来自全国130所高校的637部优秀作品参加朗诵大会，24部作品进入总决赛。教育部副部长、国家语委主任李卫红出席颁奖晚会。

12月

【7日】第九届孔子学院大会在厦门开幕。大会主题为“迎接孔子学院新十年”。中共中央政治局委员、国务院副总理、孔子学院总部理事会主席刘延东在开幕式致辞中强调，要面向未来，平等合作，共同推动孔子学院事业发展，为建设持久和平、共同繁荣的和谐世界作出新贡献。来自126个国家和地区的孔子学院所在大学的校长、孔子学院院长、中方合作院校（机构）、有关省（区、市）教育厅（委）、驻外使领馆、参与孔子学院建设的中资企业代表、外国驻华使节等2000余人出席大会。

国务院侨办和中国海外交流协会主办的第三届世界华文教育大会在北京举行。来自50个国家和地区的近600位华文教育界代表受邀出席。中共中央政治局委员、国务委员杨洁篪致辞并接见了参会代表。国务院侨办表彰了1646名海外优秀华文教师和 120 名热心华教人士，并为 38 所海外华文教育示范学校颁授牌匾。大会还启动了“发现东方之美”海外华裔青少年“中国寻根之旅”微信大赛。与会代表围绕“发展华文教育，振兴华文学校”的主题进行了交流。

【14 日】中国书法家协会、国家语委、中国文学艺术基金会联合举办了“我的青春 · 我的中国梦”《中国书法》年展 · 百名大学生提名展。展览共收到全国在校大学生稿件 1486 件。当日，提名展评审工作在北京举行，共评出入展作品 100 件，其中优秀作品 30 件。

【17 日】“中华经典资源库”一期项目成果发布会召开。教育部副部长、国家语委主任李卫红出席发布会并讲话。项目一期成果以语文课程标准中部分推荐背诵篇目和反映地方特色、民族特色的经典诗文 100 篇为主要内容，制作近 3000 分钟的视频资源。其中部分少数民族（如蒙古族、藏族、维吾尔族和朝鲜族等）地区篇目以双语形式呈现。

【24 日】“中华思想文化术语传播工程”首批术语发布仪式在北京外国语大学举行。教育部副部长、国家语委主任李卫红出席发布仪式并讲话。外语中文译写规范和中华思想文化术语传播部际联席会议成员、联络员及相关学科专家近 100 人出席活动。

外语中文译写规范和中华思想文化术语传播部际联席会议在京召开。教育部副部长、国家语委主任、联席会议召集人李卫红出席会议并讲话。联席会议 10 个成员单位的成员和联络员出席会议。

【本年】教育部语用司继续开展《〈国家通用语言文字法〉实施办法》研制调研工作。调研组分赴北京、上海、四川召开相关座谈会，研讨执法机制建设中遇到的问题；与国家工商总局、北京市工商局就部分企业在企业名称注册登记时使用外语词、数字等方面的需求问题进行座谈，研究对策；赴北京市中关村创业大街开展现场调研，形成了《〈国家通用语言文字法〉实施办法》研制调研报告。

教育部语用司、中国美术学院共同举办 2014 年全国高校书法教师研修班。来自全国各地的 78 名书法专业教师参加研修。

教育部语用司、中央美术学院共同举办 2014 年全国中小学书法教师研修班。来自全国各地的 90 名中小学书法教师参加研修。

教育部语用司举办全国首届高校语委主任骨干培训班。来自全国 58 所高校的语委负责人参加培训。

“国培计划（2014）”中小学经典诵读教育骨干教师培训班在江苏师范大学开班。来自全国各地的 153 名中小学一线教师参加培训。

教育部语用司在国家语委语言文字应用培训（苏州）基地举办 2014 语言文字工作中小学骨干校长培训班。来自全国各地的 90 余所语言文字规范化示范校的中小学校长参加培训。

教育部语用司在国家语委语言文字应用培训（苏州）基地举办 2014 语言文字工作幼儿园骨干园长培训班。来自全国各地的 90 余名幼儿园园长参加培训。

“国培计划（2014）”语言文字规范标准培训在北京科技大学连续举办两期。来自全国 22 个省、自治区国家级贫困县的 200 余名中小学语文教师参加培训。

教育部语用司在浙江大学举办 2014 年全国语言文字管理干部能力提升培训班。来自全国的 80 名语言文字管理干部参加培训。

教育部语信司委托教育部语用所举办了八期语言文字规范标准培训班，共培训 2332 人。

2015年

1月

【8日】国家语委咨询委员会第14次会议在北京召开。会议听取了国家语委近两年的工作和2015年工作要点汇报，并就如何贯彻落实党的十八届四中全会精神，深入推进《语言文字规划纲要》的全面实施，推进语言文字工作的依法管理、依法行政提出意见建议。

【15日】2015年国家语委全体委员会议在北京召开。会议通报了教育部语用司、语信司2014年工作总结和2015年工作计划。与会代表提出了尽快修订《国家通用语言文字法》，加强民族地区双语工作力度，对盲文手语工作给予支持，对网络语言的使用进行规范和引导，加大语言文字工作的宣传力度等进行研讨。

【20日】普通话审音委员会2015年度工作会议在北京召开。会议就《普通话异读词审音表》修订稿进行研讨，对修订工作提出意见和建议。

【27日】国家语委2015年全国语言文字工作会议在北京召开。教育部副部长、国家语委主任李卫红出席会议并发表题为《依法全面推进语言文字工作》的讲话。会议总结了2014年的工作，对2015年的工作进行了部署。

2月

【1日】《中国语言生活绿皮书》A卷《汉语拼音词汇（专名部分）》由上海辞书出版社出版。

3月

【3日】国家语委印发《国家语言文字智库建设规划》。规划提出，要以服务党

和政府决策为宗旨，以政策研究咨询为主攻方向，以完善组织形式和管理方式为重点，以改革创新为动力，加强规划引导，强化政策扶持，做好人才培养和成果转化，着力提升咨政能力，加快培育和发展国家语言文字智库，更好地服务党和国家工作大局。

【10日】教育部、国家语委印发《国家语言文字工作委员会语言文字规范标准管理办法（2015年修订）》。管理办法对规范标准的计划、研制、审定、审批和发布、复审以及实施作出了规定。

【20日】国家语委普通话与文字应用培训测试中心举办第三期骨干测试员专题研修班。此次研修专题为港澳地区普通话水平测试工作。来自河北、江苏、安徽、湖北、湖南、北京等六省市的省级测试机构负责人以及38名骨干测试员参加研修。

国家语委普通话与文字应用培训测试中心举办了两期国家级普通话水平测试员培训班，239名学员参加培训，其中207名学员通过考核获得国家级普通话水平测试员资格证书。

【30日】国家语委印发《关于建设中国语言资源保护研究中心的函》，在北京语言大学成立“中国语言资源保护研究中心”。

教育部、国家语委主办的“中德语言文化研习之旅”活动展开。活动先后在北京、河南、云南、江苏等四省市开展了近30场形式多样的交流考察。活动主题涉及残疾人语言文字权利保障、中华文字发展历史、民族语言文化多元和谐、方言的科学保护等。

4月

【13日】教育部语用司指导江苏省语委在南京举办首期听障从教人员普通话集训班。来自江苏省34所特殊教育学校的近70名听障从教人员参加集训，39人通过普通话水平测试，达到江苏省教师从业要求的二级标准。

【18日】两岸语言文字交流与合作协调小组主办的首届两岸语言文字调查研究与语文生活研讨会在福州召开，为海峡两岸专家搭建新的高水平学术交流平台。

【本月】中央电视台与国家语委联合主办的第二届“中国成语大会”总决赛在河北邯郸录制。来自全国30多所重点院校的200多名选手参加为期近一个月的比赛。

该节目于 11 月 20 日在中央电视台科教频道播出，至 2016 年 2 月 5 日结束。

国家民委牵头，中央组织部、中央统战部、教育部、人力资源和社会保障部组成联合调研组，赴内蒙古、吉林、广西、四川、西藏、甘肃、青海、新疆和新疆生产建设兵团等有关地区，共同开展民族地区干部民汉双语学习情况专题调研。

中华全国总工会举办以“传承文化，提升素质”为主题的全国职工经典诵读大赛。大赛至 10 月结束，共选出 184 件作品参加全国总决赛。

5 月

【5 日】教育部语信司印发《关于开展国家语言文字智库建设试点工作的通知》，依托中国外语战略研究中心、国家语言文字政策研究中心、中国语情与社会发展研究中心开展试点工作。

【14 日】教育部、国家语委印发《关于启动中国语言资源保护工程的通知》，决定在全国范围开展以语言资源调查、保存、展示和开发利用等为核心的各项工作。

6 月

【1 日】《中国语言生活绿皮书》A 卷《藏文拉丁字母转写方案（草案）》《信息处理用现代藏语分词规范（草案）》《信息处理用现代藏语词类标记集规范（草案）》由商务印书馆出版。

国际标准化组织信息与文献标准化技术委员会（ISO/TC46）第 42 届会议在北京召开。中国代表团在会上就 ISO 7098《信息与文献——中文罗马字母拼写法》修订作专题报告。

【2 日】由中央网络安全和信息化领导小组办公室指导、中国文化网络传播研究会主办的“你我善语良言 网络绿水青山”净化网络语言主题座谈会召开。会议就加强网络语言研究、开展网络文明用语教育、倡导青少年规范用语等作出部署。部分党政机关相关领域代表、青少年教育领域代表、学术机构代表和互联网公司代表出席座谈会。

【11 日】“中华思想文化术语传播工程”首批 100 条术语《中华思想文化术语（第

一辑）》出版，并在第四届全国对外传播理论研讨会上发布。国务院新闻办、中国外文局等单位相关负责同志和专家学者等100余人出席发布仪式。

【13日】第29期中央普通话进修班在北京举办。来自13个省、自治区民族地区的学员参加进修。教育部副部长杜占元出席结业式并讲话。

【15日】2015年全国中小学教师书法和规范汉字书写研修班在东莞市教师进修学校举办，91名教师参加培训。

【22日】国务院任命杜占元为国家语委会主任。

7月

【1日】《中国语言生活绿皮书》A卷《中国语言资源调查手册·汉语方言》由商务印书馆出版。

【4日】教育部语用司、东南大学、中国书法家协会教育委员会共同举办2015年全国中小学书法教师研修班。来自全国的80余名中小学书法骨干教师参加培训。

【8日】教育部办公厅发文调整国家语委组成单位和人员，增设11个部门作为委员单位。至此，国家语委委员单位增至29个，分别是：中宣部、中央网信办、外交部、教育部、科技部、工信部、国家民委、公安部、民政部、交通运输部、商务部、文化部、国家卫生计生委、海关总署、国家工商总局、质检总局、新闻出版广电总局、体育总局、国家旅游局、国务院侨办、中科院、社科院、国家公务员局、解放军总政治部、全国总工会、共青团中央、全国妇联、中国残联、国家汉办。

【13日】2015年全国语言文字管理干部能力提升培训班在国家语言文字应用培训基地东北大学秦皇岛分校举办。全国省级、地市级语委办192名干部参加培训。

【20日】国家语委第二期语言文字应用研究优秀中青年学者研修班在北京华文学院举办。来自全国各地的62名优秀中青年学者参加研修。

8月

【1日】《中国语言生活绿皮书》A卷《中国方言文化典藏调查手册》由商务印书馆出版。

【3 日】两岸合编中华语文工具书大陆编委会、台湾地区中华文化总会在台湾艺术大学联合举办 2015 年两岸大学生汉字书法艺术交流夏令营。来自两岸 12 所高校的 100 名大学生参加活动。

由教育部、国家民委联合举办的第一期全国民族语文应用研究中青年学者高级研修班在北京华文学院举办。来自全国 13 个省区和中央民族大学、中国民族语文翻译局等 7 个单位的 63 名中青年学者参加研修。

【13 日】国务院教育督导委员会办公室印发《语言文字工作督导评估暂行办法》。办法明确规定，督导评估围绕语言文字事业发展的制度建设、条件保障、宣传教育、发展水平等方面展开，并对督导评估的实施、奖励与问责等作出规定。语言文字工作督导评估制度正式确立。

【21 日】教育部印发《特殊教育教师专业标准（试行）》。标准要求，正确使用普通话和国家推行的盲文、手语进行教学，规范书写钢笔字、粉笔字、毛笔字。

【22 日】语言文字应用研究中青年学者协同创新联盟成立大会在辽宁师范大学举办。相关高校的专家学者共 60 余人参加会议。

【24 日】中共中央总书记、国家主席习近平在中央第六次西藏工作座谈会上的讲话中指出，要把社会主义核心价值观教育融入各级各类学校课程，推广国家通用语言文字，努力培养爱党爱国的社会主义事业建设者和接班人。

9月

【9 日】普通话审音委员会工作会议在北京召开。会议审阅研讨了《普通话异读词审音表》修订稿，建议在重点行业领域广泛听取意见。

【10 日】中国语文现代化学会主办的两岸大学生汉字文化创意大会启动。

【14 日】第 18 届全国推普周活动在各地开展。本届推普周活动的主题是“依法推广普通话，提升国家软实力”。开幕式在河南安阳举办，教育部副部长、国家语委主任杜占元出席开幕式并讲话。重点活动在浙江省诸暨市店口镇举行，闭幕式在甘肃省白银市会宁县举行。

【21 日】教育部、国家语委印发《国家语委科研项目管理办法（2015 年修订）》。

10月

【2日】第三届“中国汉字听写大会”总决赛在河南安阳举行。包括港澳台代表队和国际联队在内的36支代表队参加巡回赛，12名选手参加总决赛。

【9日】“国培计划（2015）”优秀传统文化教育骨干教师培训项目中小学经典诵读教育班开班典礼在江苏师范大学举行，150名教师参加培训。

【13日】中国残联、教育部、国家语委、新闻出版广电总局印发《国家手语和盲文规范化行动计划（2015—2020年）》。计划提出了这一阶段手语和盲文规范化工作的指导思想、任务目标、主要措施和保障条件。计划指出，以手语和盲文规范化工作为中心，加快国家通用手语和国家通用盲文的研制，统筹规划手语和盲文的科学研究、应用推广、学科建设和人才培养，以学校和公共服务领域为重点，全面推广使用国家通用手语和国家通用盲文。12月29日，中国残联、教育部、国家语委、新闻出版广电总局在北京举行了计划发布启动会。

【15日】教育部、国家语委发布《2014年度中国语言生活状况报告》。同时，《中国语言生活状况报告（2015）》韩文版发布，这是继2013年发布英文版之后推出的第二个外文版本。

【16日】教育部语信司与商务印书馆签约共建“中国语言资源开发应用中心”。

【17日】教育部语用司主办、江苏省语委承办的2015全国语言文字工作幼儿园骨干园长培训班在徐州举办，100名幼儿园园长参加培训。

【21日】教育部语用司、中国美术学院在杭州共同举办2015年全国高校书法教师研修班，55名教师参加培训。

【22日】中共中央总书记、国家主席习近平在伦敦全英孔子学院和孔子课堂年会开幕式上致辞。他指出，语言是了解一个国家最好的钥匙，孔子学院是世界认识中国的一个重要平台。

【27日】2015年语言文字工作中小学骨干校长培训班在苏州举办，全国105位校长参加培训。

11月

【2日】教育部语用司指导、江苏师范大学语言能力协同创新中心牵头编著的中

国首部“一带一路”语言服务工具书《“一带一路”沿线国家语言国情手册》在徐州发布。

【3 日】国务院教育督导委员会办公室和国家语委办公室联合在徐州召开全国语言文字督查工作会。教育部副部长、国家语委主任杜占元出席会议并讲话。来自全国各省级教育行政部门、督导部门和语言文字工作部门相关负责人出席会议。会议对语言文字督导评估工作进行了部署，就《国家语言文字事业“十三五”发展规划（讨论稿）》征求各省级教育行政部门负责人意见。同日，举办了第一期语言文字督查工作培训班。

【13 日】由教育部语用司和中国传媒大学联合主办的第 17 届齐越朗诵艺术节暨全国大学生朗诵大会总决赛举行。本次活动以“雅言诵经典、真情咏中华”为主题。来自全国 143 所高校的 758 部优秀作品参加朗诵大会。

【19 日】外交部公布《领事认证办法》。办法规定，领事认证书应当使用规范汉字。

【26 日】国家语委专题咨询会议暨国家语委语言文字规范（标准）审定委员会换届会议在北京召开。第九届和第十届全国人大常委会副委员长、国家语委咨询委员会主任许嘉璐，教育部副部长、国家语委主任杜占元出席会议并讲话，国家语委咨询委员，新一届审委会委员，教育部相关司局和事业单位负责人以及《公共服务领域英文译写规范》课题组成员参加会议。会议就《国家语言文字事业“十三五”发展规划》和《公共服务领域英文译写规范》听取咨询委员意见。《国家语言工作委员会语言文字规范（标准）审定委员会章程（2015 年修订）》和《公共服务领域英文译写规范》（第 2—10 部分）由审委会表决通过。会上宣布新一届审委会组成。新一届审委会共有委员 17 名，杜占元担任主任委员，委员由语言文字相关领域著名专家学者和语言文字工作行政管理人员担任。

12 月

【3 日】《“一带一路”上的语言》系列丛书第一卷《“一带一路”国家语言状况与语言政策》在北京发布，外交部、教育部、文化部等有关部委，相关高校和科研院所的代表以及相关国家驻华使节出席发布会。

【17 日】中国语言资源保护工程 11 省区工作部署会议在北京召开。黑龙江、吉

林等 11 个省区语委办负责人和有关专家参会。会议通报了语保工程进展情况和工作规划，部署了 11 个省区的工程建设工作。

【21 日】国务院教育督导委员会办公室、国家语委办公室联合举办第一期、第二期语言文字督查工作培训班。来自全国各省级、地市级督导部门和语言文字工作部门负责人共 200 人参加培训。

【24 日】《辞源》出版百年暨《辞源》第三版出版座谈会召开。教育部副部长、国家语委主任杜占元出席座谈会并讲话。

【28 日】全国科学技术名词审定委员会召开第七届全国委员会全体会议。全国人大第十届和第十一届常委会副委员长、中国科学院原院长路甬祥，中国科学院院长白春礼，教育部副部长、国家语委主任杜占元，新闻出版广电总局副局长孙寿山，军事科学院副院长何雷，国家自然科学基金委副主任何鸣鸿等出席会议。会议代表 150 人。会议组成第七届全国委员会，由白春礼任主任，侯建国、杜占元、孙寿山、李培林、刘旭、何雷、何鸣鸿、裴亚军任副主任。路甬祥、许嘉璐、韩启德任特邀顾问，卜宪群等 135 人任委员。

【29 日】中国残联、教育部、国家语委、新闻出版广电总局共同举行《国家手语和盲文规范化行动计划（2015—2020 年）》发布启动会。会议正式发布行动计划，并宣布了“国家通用手语方案”和“国家通用盲文方案”两项课题的结题意见。教育部副部长、国家语委主任杜占元，中国残联副理事长程凯出席会议并讲话。

【本年】我国主导修订的国际标准 ISO 7098《信息与文献——中文罗马字母拼写法》（Information and documentation — Romanization of Chinese）全票通过国际标准化组织信息与文献技术委员会（ISO/TC46）内部投票，并由国际标准化组织（ISO）发布。此次修订把汉语拼音按词连写的规则和汉字拼音转写的自动译音方法引入到国际标准中。该标准的修订成功进一步推动了汉语拼音的国际化。

“国培计划（2015）”语言文字规范标准培训班在北京科技大学举办。来自部分国家级贫困县的 200 余名中小学语文学科骨干教师参加了培训。

新闻出版广电总局将规范使用国家通用语言文字作为广播电视从业人员培训的

重要内容，共对 20 余批次、3000 余从业人员进行了相关培训。

作为“两岸合编中华语文工具书”项目的阶段性成果，《两岸科学技术名词差异手册》和《两岸科技常用词典》由商务印书馆出版。其中，《两岸科技常用词典》由路甬祥担任首席顾问，共收录两岸常用科技名词 19500 条，涉及 31 类学科领域。

孔子学院总部 / 国家汉办启动《国际汉语教师证书》考试。

2016年

1月

【7日】教育部、国家语委发布GF 2002–2016《汉字应用水平等级及测试大纲（2016年修订）》。大纲规定了具有中等及以上受教育程度人群使用汉字应当达到的水平，适用于政府部门和企事业单位录用人员或核定在职人员资格，高等学校考核学生汉字应用水平等，自2016年5月1日起实施。

【8日】两岸合编中华语文工具书发布会暨2015两岸大学生汉字文化创意大会作品展开幕式在江苏南京艺术学院举行。国家语委原主任王湛向台湾地区代表赠送了大陆版《两岸通用词典》《两岸科技常用词典》。

【15日】国家工商总局、网信办、工信部、住建部、交通部、新闻出版广电总局发布《公益广告促进和管理暂行办法》。办法要求公益广告的内容应符合语言文字使用规范。

【本月】《语言战略研究》创刊。

《中国语言文字政策研究发展报告（2015）》出版，标志着国家语委皮书系列中蓝皮书的推出。

2月

【12日】教育部、国家语委、共青团中央和中央电视台联合主办的“中国诗词大会”（第一季）在中央电视台科教频道播出，至4月15日结束。节目体现了传统文化精髓与新媒体艺术的完美融合，具有很高的文化价值和传播价值。节目播出后掀起了全民学习、重温经典诗词的热潮。

【16日】教育部语信司印发《国家语委科研中心管理办法（试行）》，进一步

规范科研中心管理工作。

【19 日】教育部办公厅印发《关于推进中国语言资源保护工程建设的通知》。通知要求，各地要高度重视、全面推进工程建设，落实规范、严格执行检查验收制度等要求。随通知一同印发了《中国语言资源保护工程汉语方言调查点总体规划（2015—2019 年）》。

3 月

【14 日】2016 年全国地方语委干部语言文字工作能力提升培训班在广州举办，100 位地方语委干部参加培训。

4 月

【18 日】国家民委、教育部举办第二期全国民族语文应用研究中青年学者高级研修班，来自 16 个民族的 70 位学员参加研修。

【26 日】教育部语信司、武汉大学签约共建“中国语情与社会发展研究中心”。

5 月

【15 日】2016 年语言文字工作幼儿园骨干园长培训班在苏州举办。来自全国的 100 名幼儿园园长参加培训。

【23 日】教育部办公厅、国家民委办公厅印发《关于推进中国语言资源保护工程少数民族语言调查的通知》，旨在推进中国语言资源保护工程少数民族语言总体规划的落实。随通知一同印发了《中国语言资源保护工程少数民族语言调查点总体规划（2015—2019 年）》。

【31 日】教育部、国家语委发布《2015 年度中国语言生活状况报告》和我国第一部地方和城市版语言生活状况报告《北京市语言生活状况报告》。

6 月

【7 日】2016 年全国中小学书法教师研修班在东南大学举办，近百名中小学书法骨干教师参加培训。

【12日】2016年全国语言文字工作中小学骨干校长培训班在东北大学秦皇岛分校举办，104名中小学骨干校长参加培训。

第30期中央普通话进修班在北京举办，91名普通话骨干教师参加进修。

【15日】世界语言大会展示馆·语言文化研习体验馆在苏州开馆。联合国教科文组织对外关系与公众宣传助理总干事艾瑞克·法尔特、教育部语用司司长姚喜双等为体验馆揭幕。

【21日】外语中文译写规范部际联席会议专家委员会发布第四批拟向社会推荐使用的外语词中文译名23组。

7月

【10日】国家语委"一带一路"汉语普通话推广培训基地（西北中心）正式成立。

【12日】2016两岸大学生汉字书法艺术交流夏令营在西安理工大学开营。来自陕西和台湾高校的100名大学生参加活动。当日，两岸合编中华语文工具书大陆编委会举行了2016年两岸合编中华语文工具书第二次成果发布会。

【14日】2016年高校语委干部语言文字工作能力提升培训班在四川大学举办，100名高校语委干部参加培训。

【16日】2016年中华经典诵写讲骨干教师培训班在重庆举办。来自全国的100名骨干教师参加培训。

【17日】国家语委第三期语言文字应用研究优秀中青年学者研修班在北京举办。来自全国27个省（区、市）的69名中青年学者参加研修。

8月

【23日】教育部、国家语委印发《国家语言文字事业"十三五"发展规划》。规划提出了以服务国家发展需求为核心，向国家战略聚焦、向农村和民族地区攻坚、向社会应用推进、向现代治理转型、向国际领域拓展的指导思想；明确了"到2020年，在全国范围内基本普及国家通用语言文字，全面提升语言文字信息化水平，全面提升语言文字事业服务国家需求的能力，实现国家语言能力与综合国力相适应"的发展目标；提出了普及国家通用语言文字、推进语言文字信息化建设、提高国家语言

文字服务能力、弘扬传播中华优秀语言文化、完善语言文字工作治理体系等五项任务和十八项具体举措，以及实现这些任务和举措的五项重点工程、六项保障措施。

国家语委在首都师范大学成立“中国语言智能研究中心”，这是国家语委第三个科研基地。

【本月】国家教育督导委员会办公室、国家语委办公室联合在东北大学秦皇岛分校举办两期语言文字督查工作培训班。来自各省（区）地市级教育督导部门和语言文字工作部门的 200 名学员参加培训。

9月

【5 日】国家语委印发《国家语委“十三五”科研规划》。规划提出“以服务国家重大战略实施和国家语言文字事业发展为宗旨，坚持问题驱动和需求导向，巩固基础研究、强化应用研究、推动决策咨询研究，有效提升创新能力、服务水平和国际影响”的指导思想，为实现语言强国目标提供强有力的科研支撑。

【7 日】国家民委、人力资源和社会保障部举办第九期全国民族语文翻译工作业务骨干高级研修班。

【8 日】第 19 届全国推普周活动在各地开展。本届推普周活动的主题是“大力推行和规范使用国家通用语言文字，助力全面建成小康社会”。当日，开幕式在广西壮族自治区恭城瑶族自治县举行，全国政协副主席、民进中央常务副主席罗富和，广西壮族自治区政协副主席李彬出席开幕式。闭幕式于 14 日在青海省海东市举行，教育部副部长、国家语委主任杜占元，青海省副省长匡湧出席会议并讲话。

【12 日】纪念《中华人民共和国国家通用语言文字法》实施 15 周年暨国务院发布《关于推广普通话的指示》60 周年座谈会在人民大会堂召开。中共中央政治局委员、国务院副总理刘延东出席会议并讲话。她总结了 60 年来语言文字事业取得的历史性成就，指出了新形势下做好语言文字工作的重大意义，强调“十三五”期间，要牢牢抓住“服务国家发展需求”这条主线，加快语言文字法制化、规范化、标准化、信息化建设，提高国民语言能力，构建和谐健康的语言生活。

【13 日】2016 年全国语言文字工作会议在北京召开。教育部副部长、国家语委主任杜占元出席会议并讲话。杜占元对“十二五”期间的工作进行了总结。他强调，

“十三五”期间语言文字战线要以实施《国家语言文字事业“十三五”发展规划》为重点，大力推行和规范使用国家通用语言文字，科学保护各民族语言文字，加快语言文字法制化、规范化、标准化、信息化建设。

【28日】教育部、国家语委发布《世界语言生活报告（2016）》（黄皮书），标志着国家语委皮书系列中黄皮书的推出。

10月

【13日】中国语言资源保护工程现场推进会在延安召开。教育部副部长、国家语委主任杜占元出席会议并讲话。教育部语信司司长田立新主持会议。会议期间，举行了中国语言资源采录展示平台启动仪式，平台正式对社会开放并提供服务。

【18日】“国培计划（2016）”优秀传统文化教育骨干教师培训项目“中小学经典诵读教育班”在江苏师范大学举办。150名中小学诵读骨干教师参加培训。

【25日】受教育部、国家语委委托，中国教育电视台制作的两岸语言文化专题片《潮平两岸阔》在中央电视台国际频道播出。

【28日】“国家普通话水平测试在香港开展20周年纪念论坛”在香港特别行政区举办。教育部副部长、国家语委主任杜占元出席论坛并致辞。

【31日】教育部教育督导局、语用司对甘肃省酒泉市开展语言文字工作督导评估。酒泉市通过督导评估。

【本月】国家民委、教育部联合开展首批全国双语和谐乡村（社区）试点工作，共有7个试点乡村（社区）通过验收。

11月

【1日】第三届中法语言政策与规划国际研讨会在北京召开。会议主题为“语言发展与文化多样性”。教育部副部长、国家语委主任杜占元出席开幕式并讲话。来自中法及其他法语国家和地区的政府官员及专家学者共200余人出席开幕式。会议期间，双方签署中法两国《关于语言政策交流合作协议》，并举办第二届中法语言政策与规划国际研讨会成果展。

【8日】国家普通话水平智能测试系统（视障版）在国家语委语言文字应用培训

（苏州）基地启动。

【16 日】教育部教育督导局、语用司对河北邯郸的邯山区和馆陶县的语言文字工作开展督导评估。邯山区和馆陶县通过了此次督导评估。

12 月

【1 日】国家语委同中央人民广播电台正式签署合作备忘录，全面开展“中小学语文示范诵读库”建设。诵读库的建设将邀请中央人民广播电台的播音员、主持人示范朗读中小学语文教材课文，免费提供社会使用。

【5 日】2016 年国家语委全体委员会议在北京召开。教育部副部长、国家语委主任杜占元出席会议并讲话。会议交流了各行业系统贯彻落实《国家语言文字事业“十三五”发展规划》情况，并对当前语委工作提出意见建议。

【10 日】第 11 届全球孔子学院大会在昆明举行。中共中央政治局委员、国务院副总理、孔子学院总部理事会主席刘延东出席开幕式。教育部部长陈宝生主持大会开幕式。大会主题是“创新、合作、包容、共享”。孔子学院总部常务理事及理事、各国孔子学院院长和所在大学校长、部分省（区、市）教育厅（委）负责人和孔子学院中方承办院校负责人以及有关使领馆教育处（组）代表等 2000 余人参会。

【21 日】中国国家普通话水平测试格罗宁根孔子学院培训测试中心在荷兰海牙挂牌。该中心由国家语委普通话与文字应用培训测试中心、中国传媒大学联合设立，是中国在海外设立的首家普通话培训测试中心。

【23 日】教育部、国家语委印发《〈国家语言文字事业“十三五”发展规划〉分工方案》。方案要求，国家语委各委员单位、各地落实规划任务，确保“十三五”规划各项目标如期实现。

【28 日】国家语委语言文字规范标准审定委员会审定通过《普通话异读词审音表（修订）》《公共服务领域俄文译写规范》《公共服务领域日文译写规范》《公共服务领域朝—韩文译写规范》。

【29 日】“中华经典资源库”第二期、第三期项目成果发布会在人民教育出版社举办。教育部副部长、国家语委主任杜占元出席发布会并讲话。第二期、第三期项目选取了具有文化源头性质、对中国文化影响深远的经史典籍和反映地方特色、

民族特色的经典诗文等内容。

【30 日】民政部印发《关于进一步加强地名文化遗产保护工作的通知》。通知就深入开展地名文化遗产的资源调查、编制实施、保护规划和建立地名文化遗产名录体系等提出要求。

【本年】国家语委普通话与文字应用培训测试中心举办了两期国家级普通话水平测试员培训班。来自全国 30 个省（区、市）和澳门特别行政区的 250 名学员参加培训。

2017年

1月

【4日】国家工商总局公布新修订的《商标审查与审理标准》。标准规定，含有不规范汉字或成语的标志不得作为商标使用和注册。

【11日】中国残联、教育部、国家语委召开《国家通用手语方案（试行）》和《国家通用盲文方案（试行）》2016年试点工作总结会。25个省（区、市）的54家试点单位总结交流了试点工作。会议对2017年试点工作进行了动员和部署。

【17日】教育部、国家语委印发《关于进一步加强学校语言文字工作的意见》，提出学校语言文字工作的主要目标：培养学生语言文字应用能力，自觉规范使用国家通用语言文字的意识和自觉传承弘扬中华优秀传统文化的意识。

【25日】中共中央办公厅、国务院办公厅印发《关于实施中华优秀传统文化传承发展工程的意见》。意见提出，要实施中华经典诵读工程，组织学校开展经典诵读、书写、讲解文化实践活动，挖掘与诠释中华经典文化的内涵及现实意义，使群众特别是广大青少年更好地熟悉诗词歌赋、亲近中华经典。

【29日】国家语委、共青团中央与中央电视台联合主办的“中国诗词大会”（第二季）在中央电视台综合频道、科教频道播出，至2月7日结束。

2月

【22日】中国语言资源保护工程专家咨询委员会成立会在北京举行。教育部副部长、国家语委主任杜占元等出席会议。来自语言学、民族学、民俗学、计算机技术及新闻出版等领域的22位专家被聘为咨询委员。

3月

【13日】教育部、国家语委印发《关于开展普通话基本普及县域验收工作的通知》。通知要求，各地根据国家通用语言文字普及攻坚的总体目标、区域目标以及重点任务的路线图和时间表，开展县域普通话基本普及达标验收。

【14日】教育部、国家语委印发《国家通用语言文字普及攻坚工程实施方案》。方案提出了国家通用语言文字普及攻坚工程的总体要求，明确工程的总体目标是到2020年在全国范围内基本普及国家通用语言文字。方案还提出了提升教师、基层干部职工、青壮年农牧民普通话应用能力的举措。

【17日】国家民委印发《国家民委“十三五”少数民族语言文字工作规划》。规划明确了大力推进少数民族语言文字法制建设，加强少数民族语言文字的国情调查与科研工作等七项主要任务，同时提出了17个重点实施项目。

【本月】《关于将女书编入国际通用字符集的提案》获得国际标准化组织/国际电工委员会第一联合技术委员会第二工作组（ISO/IEC JTC1/WG2）通过。

4月

【13日】民政部发布《关于增补藏南地区公开使用地名（第一批）的公告》，公布了第一批增补藏南地区公开使用的六个地名。

【17日】教育部、国家民委举办第三期全国民族语文应用研究中青年学者研修班，72名学员参加学习。

【25日】2017年度国家语委科研机构工作会议在山东烟台召开。会议主题为学习贯彻《国家语言文字事业“十三五”发展规划》，深入研究发挥国家语委科研机构的支撑保障作用，更好地对接规划目标任务的落实。

【27日】国家语委普通话与文字应用培训测试中心、中国传媒大学和美国纽约大学石溪分校共建的普通话培训测试中心在纽约举行揭牌仪式。

【本月】国务院教育督导委员会办公室、国家语委办公室联合在国家语委语言文字应用培训基地四川大学举办两期语言文字督导培训班。来自全国各级教育督导部门和语言文字工作部门，部分国家语委委员单位联络员，部分高校语言文字工作者共 200 人参加培训。

5 月

【7 日】2017 年地方语委干部语言文字工作能力提升培训班在中山大学珠海校区举办，95 位地方语委干部参加培训。

【9 日】中国科学院、国家语委、全国科学技术名词审定委员会联合发布 113 号、115 号、117 号、118 号元素中文名称，分别为：鉨、镆、鿬、鿫。

【19 日】北京冬奥组委、教育部、国家语委在北京启动《北京冬奥会语言服务行动计划》。教育部副部长、国家语委主任杜占元，北京市副市长、北京冬奥组委执行副主席张建东出席会议并讲话。

【22 日】国家质检总局、国家标准委发布 GB/T 30240《公共服务领域英文译写规范》系列国家标准，自 2017 年 12 月 1 日起实施。

6 月

【2 日】新闻出版广电总局印发《关于进一步加强网络视听节目创作播出管理的通知》，强调各类网络视听节目必须规范使用国家通用语言文字。

【4 日】2017 年全国语言文字工作幼儿园骨干园长培训班在徐州举办，100 位幼儿园园长参加培训。

【11 日】2017 年语言文字工作中小学骨干校长培训班在东北大学秦皇岛分校举办，96 位中小学校长或相关负责人参加了培训。

7 月

【10 日】2017 两岸大学生汉字文化创意工作坊暨诵读书法夏令营在南京举办。两岸 10 所高校近百名学生参加活动。

孔子学院总部 / 国家汉办举办“一带一路”国家汉语国际教育专业硕士本土教师岗中培训。来自 21 国 30 所孔子学院 / 课堂的 45 名本土教师参加培训。

【16 日】2017 年中华经典诵写讲骨干教师培训班在西南大学举办，100 位骨干

教师参加此次培训。

【18 日】教育部、国家语委发布《中国语言文字事业发展报告（2017）》（白皮书）、《中国语言生活状况报告（2017）》（绿皮书）、《中国语言政策研究报告（2016）》（蓝皮书）和《世界语言生活状况报告（2016）》（黄皮书）。

【24 日】教育部语用司、教育部港澳台事务办公室举办 2017 年港澳中小学教师普通话能力提升培训班。来自香港和澳门地区的 115 位中小学教师参加培训班。

【31 日】国家工商总局印发《企业名称禁限用规则》《企业名称相同相近比对规则》。规则明确，企业名称应当使用规范汉字，不得使用外文字母和阿拉伯数字。

8 月

【2 日】新闻出版广电总局印发《关于规范报刊单位及其所办新媒体采编管理的通知》，要求制作新闻标题应遵循国家通用语言文字使用的基本规范。

【18 日】外语中文译写规范部际联席会议专家委员会审议通过了第五批拟向社会推荐使用的外语词中文译名表 12 组。

【20 日】国家民委、中宣部、中央文明办、教育部、共青团中央启动了民汉双语公共服务志愿者队伍建设工作，计划从 2018 年至 2020 年在国家层面建立约 10 个大学生民汉双语志愿服务团。

【29 日】语言文字中青年学者出国研修项目首期班行前培训班在上海外国语大学举办。来自全国高校、科研院所的 30 位中青年学者参加开班式。培训学员于 10 月赴英国谢菲尔德大学参加为期三个月的研修活动。

9 月

【11 日】第 20 届全国推普周活动在各地开展。本届推普周活动的主题为“大力推广和规范使用国家通用语言文字，自觉传承弘扬中华优秀传统文化”。开幕式暨经典诵读展示活动在北京中山音乐堂举行。闭幕式在云南省临沧市举行。

首届中国北京国际语言文化博览会在中国国际展览中心举办。博览会的主题为“语言让世界更和谐，文明更精彩”。教育部副部长、国家语委主任杜占元，北京市副市长、北京市语委主任王宁以及 19 位“一带一路”节点国家大使、公参等出席 12 日的开幕式。

【12 日】以“语言科技与人类福祉”为主题的首届国际语言文化论坛在北京外国语大学举办。联合国教科文组织执行局局长迈克尔·沃博思，教育部副部长、国家语委主任杜占元等出席开幕式并讲话。保加利亚、冰岛等国驻华使馆代表以及来自 19 个国家的 200 余名专家学者出席活动。本次论坛就语言政策与语言教育、语言智能与产业发展、工具书与文化传承、语言康复与人类健康等议题展开研讨。

【18 日】国家民委、人社部举办第 10 期全国民族语文翻译工作业务骨干高级研修班，74 名民族语文翻译工作业务骨干参加培训。

【25 日】教育部教育督导局、语用司对新疆维吾尔自治区哈密市的伊州区和巴里坤县语言文字工作进行督导评估。伊州区和巴里坤县通过督导评估。

【29 日】交通运输部发布 JT/T 1158-2017《汽车客运站服务星级划分与评定》。其中规定，公共汽电车、综合客运枢纽等处的标识和指示用字应符合语言文字规范要求。

10 月

【16 日】2017 年全国中小学书法教师研修班在京津冀书法教育基地举行，96 名中小学书法教师参加研修。

【26 日】教育部语信司与新疆大学签约共建新疆多语种信息技术研究中心。该中心是国家语委与西部高校共建的第一家科研机构，标志着国家语委科研机构已覆盖全国东、中、西部，在科研机构布局上日趋完善。

【27 日】首届语言文字应用研究优秀中青年学者论坛在厦门大学嘉庚学院召开。

【30 日】我国申报的甲骨文项目顺利通过联合国教科文组织世界记忆工程国际咨询委员会的评审，成功入选“世界记忆名录”。

11 月

【13 日】教育部考试中心与美国教育考试服务中心签订《关于合作开展美国教育考试服务中心英语考试与中国英语能力等级量表对接研究的谅解备忘录》。

【14 日】教育部教育督导局、语用司对江西省抚州市临川区和金溪县语言文字工作开展督导评估。临川区和金溪县通过督导评估。

【21 日】教育部教育督导局、语用司对湖北省宜昌市西陵区和夷陵区语言文字工作开展督导评估。西陵区和夷陵区通过督导评估。

【24 日】国家民委办公厅、教育部办公厅公布了第二批全国双语和谐乡村（社区）示范点建设单位名单，共九个单位入选。

【29 日】纪念国务院颁布《壮文方案》60 周年大会在南宁召开。

12 月

【4 日】“中华经典资源库”第四期项目成果发布会在北京师范大学举行。

【5 日】教育部教育督导局、语用司对福建省三明市三元区和尤溪县语言文字工作开展督导评估。三明市通过督导评估。

【12 日】孔子学院总部 / 国家汉办、陕西省人民政府主办的第 12 届全球孔子学院大会在西安举行。大会以“深化合作，创新发展，为构建人类命运共同体贡献力量”为主题。中共中央政治局委员、国务院副总理、孔子学院总部理事会主席刘延东出席并致辞。

国家语委语言资源网开通运行，将汇聚优质语言资源，促进语言资源的开发与共享。

【19 日】国务院侨办和中国海外交流协会主办的第四届世界华文教育大会在北京召开。中共中央政治局委员、国务委员杨洁篪出席会议并讲话。

【20 日】国家语委语言文字规范标准审定委员会审议《国家通用盲文方案》《国家通用手语常用字表》《〈通用规范汉字表〉楷体字字形规范》《中国英语能力等级量表》等四项标准草案。

【21 日】国家民委、教育部、国家语委印发《关于开展全国双语和谐乡村（社区）示范点建设工作的指导意见》。

【26 日】教育部、国家语委、国家文物局、国家档案局、故宫博物院、中国联合国教科文组织全国委员会共同主办的甲骨文成功入选“世界记忆名录”发布会在故宫

博物院举办。当日召开“甲骨收藏与绝学振兴”高峰论坛。有关文博机构、高校和科研院所的代表参加发布会和论坛。

【27 日】民政部印发《关于加强地名标志设置和管理的指导意见》，进一步强调地名标志中汉字书写、罗马字母拼写、少数民族地名书写等规范要求。

【29 日】国家质检总局、国家标准委发布 GB/T 35302–2017《公共服务领域俄文译写规范》和 GB/T 35303–2017《公共服务领域日文译写规范》。两项国家标准自 2018 年 7 月 1 日起实施。

【本月】《中国语言生活状况报告》（日文版）第一卷发布，这也是该报告的第三个外文版本。

【本年】国家语委普通话与文字应用培训测试中心分别在长沙和上海举办《汉字应用水平等级及测试大纲》培训班。来自全国 29 个省（市）语委办和测试中心共计 120 人参加培训。

国家语委普通话与文字应用培训测试中心举办两期国家级普通话水平测试员培训班。共 242 名学员参加培训，211 名学员通过考核获得国家级普通话水平测试员资格证书。

2018年

1月

【9日】2018年全国语言文字工作会议在南京召开。会议总结了十八大以来语言文字事业的成绩，部署了2018年及今后一个时期语言文字重点工作。教育部副部长、国家语委主任杜占元，江苏省副省长王江出席会议并讲话。

【15日】教育部、国务院扶贫办、国家语委印发《推普脱贫攻坚行动计划（2018—2020年）》。行动计划将普通话普及率纳入地方和教育部门扶贫工作绩效考核，将普通话培训纳入职业技能培训，明确加强贫困地区特别是“三区三州”地区青壮年农牧民普通话培训工作。

【31日】国家语委咨询委员会第16次会议在北京召开。会议听取了国家语委2017年主要工作和2018年工作要点的汇报。

2月

【6日】2018年国家语委全体委员会议召开。26个国家语委委员单位的委员、联络员等参加会议。教育部副部长、国家语委主任杜占元出席会议并讲话。会议交流了各行业部门贯彻《国家语言文字事业“十三五”发展规划》情况，提出了聚焦民族地区推广国家通用语言文字、完善语言文字法制体系、加强网络语言治理等意见和建议。

【12日】教育部、国家语委发布语言文字规范GF 0018-2018《中国英语能力等级量表》，自2018年6月1日起正式实施。

国务院教育督导委员会办公室发布《〈对省级人民政府履行教育职责的评价办法〉实施细则》，将“语言文字工作体制机制建设，国家通用语言文字教育工作，普及普通话，规范社会用字的情况”作为测评点，纳入对省级人民政府履行教育职责评价的测评体系。

3 月

【8 日】教育部语用司印发《国家语言文字工作督导评估工作手册（试行）》，规范督导操作流程，细化评估指标，明确督导纪律。

【9 日】教育部、国家语委、中国残联发布语言文字规范 GF 0019-2018《国家通用盲文方案》和 GF 0020-2018《国家通用手语常用词表》，自 2018 年 7 月 1 日起实施。

【15 日】国家语委在北京语言大学设立国家语委国际合作与交流中心。

【23 日】共青团中央、国家语委与中央电视台联合主办的“中国诗词大会”（第三季）在中央电视台综合频道和科教频道播出，至 31 日结束。

【本月】国务院教育督导委员会办公室、国家语委办公室在国家语言文字推广基地暨京津冀书法教育基地（秦皇岛市山海关区）举办三期全国语言文字工作督导评估培训班。来自全国各省级和相关地（州、市）、县（区）教育督导部门和语言文字工作部门负责人，部分高校语言文字专家共 300 人参加培训。

4 月

【13 日】教育部语用司、港澳台事务办公室组织南京艺术学院、南京农业大学和西北师范大学三所高校的 30 名师生赴香港、澳门开展中华经典诵读展演交流活动。

【20 日】2018 年度国家语委科研机构工作会议在上海召开。会议就语言文字智库建设标准和语言文字国际高端专家来华交流项目实施等进行了交流。

5 月

【10 日】《汉语拼音方案》颁布 60 周年纪念座谈会在北京举行。教育部副部长、国家语委主任杜占元出席会议并讲话。同日，北京语言大学、教育部语用所共同召开纪念《汉语拼音方案》颁布 60 周年学术研讨会。

【19 日】全国中小学语文示范诵读库首批 100 篇音频作品正式上线发布。教育部部长陈宝生，中宣部副部长、中央广播电视总台台长慎海雄，教育部副部长、国家语

委主任杜占元出席发布会。

【21日】2018年全国地方语委干部语言文字工作能力提升培训班和高校语委干部语言文字工作能力提升培训班在四川大学举办。200余名地方和高校语委干部参加相关培训。

【22日】教育部教育督导局、语用司对陕西省西安市碑林区和临潼区的语言文字工作开展督导评估。西安市碑林区和临潼区通过此次督导评估。

【29日】教育部、国家语委发布《中国语言文字事业发展报告(2018)》(白皮书)、《中国语言生活状况报告(2018)》(绿皮书)、《世界语言生活状况报告(2018)》(黄皮书)、《中国语言政策研究报告(2017)》(蓝皮书)及《北京语言生活状况报告(2018)》《广州语言生活状况报告(2018)》。其中的《广州语言生活状况报告(2018)》成为继《北京语言生活状况报告》之后第二部反映国家重要中心城市语言生活状况的绿皮书。

6月

【1日】教育部语用司、共青团中央学校部发文启动“推普脱贫攻坚”全国大学生暑期社会实践专项活动。共有130支大学生实践团队1300余人参加此项活动。

【18日】中宣部、中国残联、教育部、国家语委、国家广播电视总局印发《关于推广国家通用手语和国家通用盲文的通知》。通知要求，各地相关部门和单位贯彻落实《国家通用手语推广方案》《国家通用盲文推广方案》。

【19日】国家语委普通话与文字应用培训测试中心举办一期国家级普通话水平测试员培训班。共有118名学员参加培训，110名学员通过考核获得国家级普通话水平测试员资格证书。

【26日】教育部教育督导局、语用司对内蒙古自治区鄂尔多斯市东胜区和伊金霍洛旗的语言文字工作开展督导评估。鄂尔多斯市东胜区和伊金霍洛旗通过此次督导评估。

【本月】教育部语用司委托语文出版社编写的《普通话1000句》正式出版。该书旨在帮助贫困地区特别是“三区三州”的青壮年农牧民学习普通话。

7月

【2日】教育部教育督导局、语用司对青海省格尔木市、德令哈市语言文字工作

开展督导评估。格尔木市、德令哈市通过此次督导评估。

【6 日】国家语委印发《信息化条件下语言文字规范标准体系建设规划》。

【16 日】2018 年中华经典诵写讲骨干教师培训班在西南大学举办。来自全国各地的 100 名骨干教师参加此次培训。

【18 日】2018 年全国语言文字工作中小学骨干校长培训班在东北大学秦皇岛分校举办，100 名中小学骨干校长参加培训。

【23 日】国家语委第四期语言文字应用研究优秀中青年学者研修班在武汉大学举办，64 名中青年学者参加研修。

教育部语用司、教育部港澳台事务办公室在陕西师范大学举办 2018 年港澳中小学教师普通话能力提升培训班。来自香港和澳门地区的中小学和幼稚园教师 109 人参加培训。

【24 日】2018 年全国中小学师生书法篆刻展示交流活动在河北省秦皇岛市山海关区国家语言文字推广基地（京津冀书法教育基地）举行。全国各地书法篆刻名家、获奖师生代表、山海关区中小学书法教师及书法篆刻爱好者等 470 余人参加此次活动。

8 月

【3 日】教育部语用司、福建省教育厅主办的 2018 年两岸中学生“海上丝绸之路书法之旅”夏令营活动在福建举行。活动以“海丝情韵 · 翰墨芳华”为主题。来自河北、福建、陕西、甘肃和台湾的 100 余名中学生和指导教师参加活动。

【15 日】甲骨文等古文字研究与应用专项工作专家委员会成立。专家委员会由来自古文字、历史、文化、考古等相关专业领域的 17 位专家组成。中国文字学会会长、清华大学教授黄德宽任主任委员。委员会的主要职责是指导甲骨文等古文字研究与应用专项科研工作，促进社会宣传和转化应用，为专项工作提供学术支撑。

【27 日】《通用规范汉字表》发布五周年座谈会在北京召开。

9 月

【2 日】首届两岸文字学会交流研讨会在北京召开。两岸文字学会签署《两岸中

国文字学会交流合作备忘录》。

【10日】第21届全国推普周活动在各地开展。本届推普周活动的主题为“说好普通话，迈进新时代”。开幕式在四川凉山州西昌市举行。教育部副部长、国家语委主任、全国推普周领导小组副组长杜占元，四川省副省长、省语委主任杨兴平出席开幕式并讲话。闭幕式暨纪念改革开放40年经典诵读活动在天津师范大学举办。

【19日】首届世界语言资源保护大会在长沙开幕。联合国教科文组织总干事奥德蕾·阿祖莱发来贺信。湖南省委副书记、省长许达哲，教育部副部长、国家语委主任杜占元，联合国教科文组织助理总干事穆兹·查楚克出席大会开幕式并分别致辞。来自全球40多个国家和地区相关领域的专家学者共200余人参加开幕式。会议的主题为“语言多样性对构建人类命运共同体的作用”。会议通过了《岳麓宣言（草案）》。20日，教育部部长陈宝生、湖南省副省长吴桂英、联合国教科文组织驻华代表欧敏行出席大会闭幕式并讲话。教育部副部长、国家语委主任杜占元主持闭幕式。

【25日】教育部、国家语委印发《中华经典诵读工程实施方案》。该方案旨在引导社会大众特别是青少年热爱中华经典、提升语文素养、增强文化自信，培育和践行社会主义核心价值观。

教育部教育督导局、语用司对浙江省绍兴市新昌县和上虞区的语言文字工作开展督导评估。绍兴市新昌县和上虞区通过此次督导评估。

10月

【10日】2018年全国中小学书法教师研修班在京津冀书法教育基地举办，100余名中小学书法教师参加。

教育部教育督导局、语用司对安徽省安庆市迎江区、太湖县的语言文字工作开展督导评估。安庆市迎江区、太湖县通过此次督导评估。

【12日】第十三届全国政协第十二次双周协商座谈会在北京召开。会议主题为“加强国家通用语言文字普及，促进各民族交往交流交融”。中共中央政治局常委、全国政协主席汪洋主持会议并讲话。他强调，要深刻认识普及国家语言通用文字对提高国民素质、促进民族交往交流交融、铸牢中华民族共同体意识的重大意义。教育部部长陈宝生在会上介绍国家通用语言文字普及工作相关情况。

【17 日】国家语委印发《国家语言文字推广基地管理办法（试行）》，旨在加强国家语言文字推广基地的建设和管理，规范基地日常管理和考核。

【24 日】教育部、国家语委印发《国家语言文字工作委员会语言文字规范标准管理办法（2018 年修订）》。

【25 日】第二届中国北京国际语言文化博览会在北京举办。本届博览会的主题为“语言让世界更和谐，文明更精彩”，突出展示了改革开放 40 年来的语言文字工作成就，积极宣传全国教育大会精神。26 日上午，以“语言服务与人类生活”为主题的国际语言文化论坛举办。教育部原副部长、国家总督学、中国教育国际交流协会会长刘利民，北京市副市长王宁，联合国教科文组织世界遗产中心非洲部主任爱德蒙·木卡拉等出席论坛开幕式并致辞。白俄罗斯、伊朗等国驻华使馆代表以及 200 余名中外专家学者出席。

2018 语言文字工作幼儿园骨干园长培训班在徐州举办，99 名骨干园长参加培训。

【30 日】“中华经典资源库”第五期项目成果发布会暨“‘一带一路’送经典”活动启动仪式在西北师范大学举行。

11 月

【6 日】教育部教育督导局、语用司对贵阳市观山湖区、清镇市的语言文字工作开展督导评估。贵阳市观山湖区、清镇市通过此次督导评估。

【13 日】教育部教育督导局、语用司对广西壮族自治区河池市金城江区、罗城仫佬族自治县的语言文字工作开展督导评估。河池市金城江区、罗城仫佬族自治县通过此次督导评估。

【15 日】首届中俄语言政策论坛在俄罗斯圣彼得堡举办。

【本月】中央精神文明建设指导委员会颁布了《全国文明城市测评体系（2018 年版）》，将社会用语用字文明规范、地名管理使用规范有序纳入城市管理和公共服务指标的测评标准。

12 月

【4 日】第 13 届孔子学院大会在成都举行。来自 150 多个国家和地区的大学校长、

孔子学院代表近 1500 人参加大会。中共中央政治局委员、国务院副总理、孔子学院总部理事会主席孙春兰出席开幕式并致辞。开幕式由教育部部长、孔子学院总部理事会副主席陈宝生主持。本次大会以“改革创新促发展，携手同心创未来”为主题。教育部副部长田学军出席 5 日的闭幕式并致辞。

【13 日】教育部语用司印发《关于做好推普脱贫攻坚对口支援的意见》。

【21 日】传承与创造——2018 海峡两岸与港澳大学生汉字创意设计与产业成果展及研讨会在南京艺术学院举行。来自港澳台地区、韩国以及国内多所高校艺术设计相关专业的专家学者以及南京市文创企业代表 30 余人参加会议。

【24 日】教育部语用司召开外语中文译写规范部际联席会议专家委员会第六次审议会，审议通过了第六批、第七批拟推荐使用的外语词中文译名共 32 组。

【本年】教育部语用所分别于广西、甘肃、贵州举办 2018 年语言文字规范标准培训班，共有 700 名语文教研员、骨干教师和语言文字工作者参加培训。

汉考国际（CTI）在全球 137 个国家（地区）设立了 1147 个考点，全年收费考试 67 万人。按照以收费考生衡量考试规模和品牌的国际惯例，汉语水平考试（HSK）已成为继英国雅思（IELTS）、美国托福（TOEFL）之后的世界第三大语言考试品牌。

全国汉语国际教育硕士专业学位授权点达到了 147 所，累计招收硕士研究生 4.7 万人，其中外国留学生近 1.7 万人。

孔子学院总部 / 国家汉办自 2004 年启动汉语教师志愿者项目以来，截至 2018 年底，已向全球 143 个国家和地区派出汉语教师志愿者 5.4 万人，为各国开展汉语教学，促进中国与世界各国的教育文化交流，增进中国人民与世界各国人民之间的了解和友谊作出重要贡献。

自 2004 年至 2018 年，孔子学院总部 / 国家汉办向 154 个国家的孔子学院和外国大中小学派遣教师两万余人次。

2019年

1月

【11日】国家语委重大基础资源建设项目“通用汉字全息数据库建设”的标志性成果“汉字全息资源应用系统”发布会在北京师范大学举行，标志着通用汉字全息数据库正式上线，提供社会使用。

【15日】教育部考试中心与英国文化教育协会联合发布雅思、普思考试与中国英语能力等级量表的对接研究结果，这标志着中国英语语言能力标准与国际考试正式接轨。

【30日】国家语委调整外语中文译写规范部际联席会议专家委员会。调整后的专家委员会顾问为许嘉璐、陈章太、陈琳，首席专家为曹京华、陈德彧、陈明明、黄友义、李学军、李宇明、夏吉宣、夏勇敏、杨雪冬、张洪斌、朱渊，还有40位专家来自部际联席会议各成员单位。

2月

【21日】教育部、联合国教科文组织驻华代表处、中国联合国教科文组织全国委员会、国家语委在北京共同举行发布会，正式发布联合国教科文组织首个以“保护语言多样性”为主题的永久性文件——“保护与促进世界语言多样性《岳麓宣言》”。

【本月】由教育部、国家语委与中央广播电视总台共同举办的“中国诗词大会”（第四季）在中央电视台综合频道和科教频道播出。

3月

【15日】教育部语用司印发《关于举办2019年中华经典诵写讲大赛的通知》，

启动经典诵读大赛、诗文创作、学生篆刻、诗词讲解等系列活动。

【18 日】国家语委咨询委员会进行了成员调整：许嘉璐任主任，柳斌、朱新均任副主任，委员有曹志耘、巢宗祺、陈琳、陈章太、戴庆厦、董琨、傅永和、黄德宽、黄勇、江蓝生、李卫红、李行健、李宇明、刘青、陆俭明、马燕生、倪光南、文秋芳、解小青、姚喜双、于欣丽、张浩明、赵世举、周庆生。

【27 日】教育部语用司印发《关于组织申报国家语言文字推广基地的通知》，决定组织开展国家语言文字推广基地的申报、评审和认定工作。

【本月】教育部语用司、教育督导局举办两期 2019 年全国语言文字工作培训班。来自全国各省、地、县三级教育督导部门和语言文字工作部门的工作人员约 300 人参加培训。

4 月

【3 日】2019 年全国语言文字工作会议暨推普脱贫攻坚中期推进会在昆明召开。会议总结了 2018 年语言文字工作，谋划 2019 年工作思路举措，部署推普脱贫攻坚等各项重点任务。教育部党组成员、副部长田学军出席会议并讲话。云南省副省长陈舜出席会议。教育部语用司、语信司司长田立新主持会议。教育部、国家语委、国务院扶贫办、中国移动、科大讯飞有限公司签署了《“推普脱贫攻坚”战略合作框架》，研发推广“语言扶贫”应用软件。同日召开了推普脱贫攻坚工作研讨会，组织“三区三州”所在六省（区）及相关省份研讨落实脱贫攻坚专项巡视整改工作要求。

【8 日】教育部语用司联合教育部港澳台事务办公室共同组织南京艺术学院、天津师范大学和上海师范大学的 40 名师生赴香港、澳门开展中华经典诵读展演交流活动。

【本月】教育部语用司委托语文出版社编写的《幼儿普通话 365 句》正式出版。该书旨在帮助贫困地区特别是“三区三州”的幼儿学习普通话。

5 月

【6 日】教育部人事司、语用司举办 2019 年地方语委干部语言文字工作能力提升培训班，100 名地方基层语委干部参加培训。

【7 日】中国语言资源保护工程 2019 年度工作会议在南昌召开。会议交流了语保

工程实施情况，总结了 2018 年验收工作经验，对 2019 年工作任务进行了部署。

【10 日】教育部语信司、河南省教育厅、郑州大学签约共建国家语委科研机构“汉字文明传承传播与教育研究中心”。

2019 年度国家语委科研机构工作会议在郑州大学召开。

国务院任命田学军为国家语委主任。

【14 日】教育部语用司印发《关于做好 2019 年全国普通话普及情况调查工作的通知》和《2019 年全国普通话普及情况调查使用手册》，启动开展 2019 年全国普通话普及情况调查工作，完善全国普通话县域普及情况调查平台。

【20 日】教育部人事司、语用司举办 2019 年高校语委干部语言文字工作能力提升培训班，近百名高校语委干部参加培训。

【31 日】教育部、国家语委发布《中国语言文字事业发展报告（2019）》《中国语言生活状况报告（2019）》《中国语言政策研究报告（2019）》《世界语言生活状况报告（2019）》。

《义务教育常用词表（草案）》出版座谈会在北京举行。

6 月

【10 日】教育部语用司、共青团中央青年发展部印发《关于开展 2019 年“推普脱贫攻坚”全国大学生暑期社会实践专项活动的通知》。此次活动从全国各高校共遴选 239 支实践团队，参与学生达到 2291 人，实践地点覆盖“三区三州”等 242 个县（区、市）的 345 个贫困村。

2019 年全国语言文字工作中小学骨干校长培训班在东北大学秦皇岛分校举办，101 位中小学骨干校长参加培训。

【12 日】2019 年全国语言文字工作幼儿园骨干园长培训班在徐州举办，101 位幼儿园园长参加培训。

【21 日】国务院教育督导委员会办公室印发《2019 年对省级人民政府履行教育职责评价方案》。方案将民族地区推普脱贫攻坚纳入其中。

7月

【6日】由教育部语用司、福建省教育厅、人民教育出版社主办的2019年两岸学生语言文化交流夏令营开营式暨“一带一路”送经典活动在福建泉州举行。两岸师生300余人参加活动。

【10日】外语中文译写规范部际联席会议专家委员会召开第七次审议会，审议通过了第八批向社会推荐使用的外语词中文译名共32组。

【15日】教育部、国家语委发布语言文字规范GF0022-2019《中华通韵》，自2019年11月1日起试行。

教育部、国家语委、中国残联发布语言文字规范GF 0021-2019《汉语手指字母方案》，自2019年11月1日起实施。

国家语委对委员单位和委员进行调整。新一届国家语委委员单位有：教育部、中央宣传部、中央统战部、中央网信办、中央军委训练管理部、外交部、科技部、工业和信息化部、国家民委、公安部、民政部、人力资源和社会保障部、交通运输部、商务部、文化和旅游部、卫生健康委、海关总署、市场监管总局、广电总局、体育总局、中科院、社科院、全国总工会、团中央、全国妇联、中国残联、孔子学院、中国书法家协会、中华诗词学会等29个单位。

国家语委第五期语言文字应用研究优秀中青年学者研修班在武汉大学举办，61位中青年学者参加研修。

国家民委教育科技司、教育部语用司举办第五期全国民族语文应用研究中青年学者研修班。来自内蒙古、西藏、新疆等12省区的67名学员参加培训。

【22日】国家语委成立推普脱贫攻坚部际联络小组，印发《推普脱贫攻坚部际协调小组任务清单（2019-2020年）》，整合25家国家语委委员单位优势，共同推进推普助力脱贫攻坚。

【23日】教育部语用司举办2019年港澳教师普通话能力提升研修活动。来自香港、澳门的96位教师参加学习。

教育部语用司、广东省教育厅、广东省语委举办2019港澳与内地中学生语言文化交流夏令营暨华南片区中华经典诵写讲师资培训班，200余人参加启动仪式。

【28 日】甲骨文等古文字研究与应用专家委员会会议召开。教育部语信司司长田立新出席会议并讲话。专家委员会审议了《甲骨春秋》纪念册、国家博物馆甲骨文专题展、专题纪录片、系列活动统一标志等阶段性成果，以及纪念甲骨文发现 120 周年系列活动方案。

8 月

【22 日】“迦陵杯 · 诗教中国”诗词讲解大赛全国总决赛在南开大学举行。大赛自 3 月启动以来，全国近万名教师参加大赛，210 人进入总决赛。

【本月】教育部语信司、教师司主办，教育部语用所承办的两期“国培计划（2019）”语言文字规范标准培训班在北京举办。来自中西部 23 个省（区、市）的 201 名中小学教师及教研员参加培训。两期培训班与推普脱贫工作紧密结合，学员名额向贫困地区倾斜，其中来自“三区三州”的学员 92 名。

9 月

【16 日】第 22 届全国推普周活动在各地开展。本届推普周活动的主题为“普通话诵七十华诞，规范字书爱国情怀”。开幕式暨庆祝中华人民共和国成立 70 周年经典诵读展示活动在上海举办。闭幕式在贵州省凯里市举行。教育部副部长、国家语委主任田学军出席并讲话。教育部语用司司长徐晓萍、教育部语用所所长刘朋建出席开幕式、闭幕式。

【26 日】“北京冬奥项目知识图谱资源及问答系统”发布会在北京语言大学举行。该系统为北京冬奥会的智能语言服务提供有力技术支撑。

【27 日】全国民族团结进步表彰大会在北京召开。习近平总书记发表重要讲话，强调要搞好民族地区各级各类教育，全面加强国家通用语言文字教育，不断提高各族群众科学文化素质。

10 月

【15 日】国家语委、国务院扶贫办政策法规司指导，《语言战略研究》编辑部主办的“中国语言扶贫与人类减贫事业论坛”在北京举行。教育部相关司局、国务院扶

贫办政策法规司有关同志分别介绍了推普助力脱贫攻坚的工作情况。与会代表围绕推普脱贫攻坚的经验与成效，语言能力、语言教育与脱贫攻坚，语言技术的运用，中国语言扶贫的展望与人类减贫事业等主题进行了研讨。论坛发布了《语言扶贫宣言》，呼吁社会各界关注并投入到语言扶贫事业中。

教育部办公厅印发《关于实施中华经典诵读网络专项培训并开展2019年度培训的通知》。2019年共培训一万名中小学语文教师。

【16日】《“推普脱贫攻坚”战略合作框架》落实推进会在北京召开。教育部语用司会同国务院扶贫办、中国移动、科大讯飞有限公司和“三区三州”所在六省区语委办负责同志，研究推普助力脱贫攻坚进展及存在的问题，统筹各方推进落实框架协议。

【18日】纪念甲骨文发现120周年国际学术研讨会在安阳举办。来自中、美、加、法、日、韩等国家的专家学者200余人参加会议。会议围绕方法创新、内涵挖掘、服务应用等进行了深入研讨。会议成果体现了当今学术研究前沿水平，推动甲骨文研究迈向新阶段。

【22日】“证古泽今——甲骨文文化展”在中国国家博物馆开幕。

【24日】第三届中国北京国际语言文化博览会在中国国际展览中心举办。教育部副部长、国家语委主任田学军和部分国家驻华使节出席开幕式。本届博览会系统展示了新中国成立70年来中国语言文字事业取得的辉煌成就，特设京津冀学校语言文化展区和粤港澳大湾区语言文化展区，并首次设置以广西为代表的少数民族地区语言文化展。博览会期间举办了“语言智能与语言多样性”国际语言文化论坛。

【25日】全球中文学习平台正式上线发布。教育部副部长、国家语委主任田学军，北京市人民政府副秘书长韩耕等出席上线发布仪式。

11月

【1日】纪念甲骨文发现120周年座谈会在北京人民大会堂举行。会上宣读了中共中央总书记、国家主席、中央军委主席习近平的贺信。习近平指出，殷墟甲骨文的重大发现在中华文明乃至人类文明发展史上具有划时代的意义。甲骨文是迄今为止中国发现的年代最早的成熟文字系统，是汉字的源头和中华优秀传统文化的根脉，值得倍加珍视、更好传承发展。新形势下，要确保甲骨文等古文字研究有人做、有传承。中共中央政治局委员、国务院副总理孙春兰在会上讲话。她强调，甲骨文是千年中华

文明的鲜明标志，也是对人类文明的重要贡献，要认真落实习近平总书记的重要指示精神，并对进一步深化甲骨文研究和应用，加强收藏保护，做好整理和信息标注，确保文物安全；要推进著录考释，综合新技术，推动研究实现新突破、加强甲骨学人才培养。有关专家代表和教育部、河南省负责同志在座谈会上发言。

【7 日】学习贯彻习近平总书记致甲骨文发现和研究 120 周年的贺信精神座谈会在北京召开。